MARCO POLO
BURGENLAND
NEUSIEDLER SEE

Reiseführer mit Insider-Tips

*Sechs Symbole sollen Ihnen
die Orientierung in diesem Führer erleichtern:*

für Marco Polo Tips – die besten in jeder Kategorie

für alle Objekte, bei denen Sie auch eine schöne Aussicht haben

für Plätze, wo Sie bestimmt viele Einheimische treffen

für Treffpunkte für junge Leute

(A1)
Koordinaten für die Übersichtskarte

*Die Marco Polo Route verbindet die schönsten Punkte
des Burgenlandes zu einer Idealtour*

*Diesen Führer schrieb Norbert Lewandowski.
Er lebt als Reporter und Buchautor in München und
reist regelmäßig nach Österreich.
Die Marco Polo Reihe wird herausgegeben
von Ferdinand Ranft.*

MAIRS GEOGRAPHISCHER VERLAG

MARCO ✛ POLO

Für Ihre nächste Reise gibt es folgende Titel dieser Reihe:

Die Marco Polo Redaktion freut sich, wenn Sie ihr schreiben:
Marco Polo Redaktion, Mairs Geographischer Verlag
Postfach 31 51, D-73751 Ostfildern

Unsere Autoren haben nach bestem Wissen recherchiert. Trotzdem schleichen sich manchmal Fehler ein, für die der Verlag keine Haftung übernehmen kann.

Titelbild: Lade/Steinkamp
Fotos: Anzenberger: de Santis (26), Horvath (30, 50), Wiesenhofer (29); Burgenland Tourismus (10, 17, 75, 86); Fotex: Marx (92); Huber (6, 69); Lade: Assmann (61), Binder (96), Wrba (14, 24, 59, 72, 76); Mauritius: Berger (91), Pigneter (47, 62), Pronto (35); Schapowalow: Kirsch (4), Pratt-Pries (82); Schuster: Eckhardt (13), Imgram (8), Physiker (18); Strobel (57); Transglobe: Eckhardt (Anreise)

2. aktualisierte Auflage 1995 © Mairs Geographischer Verlag, Ostfildern/Hachette, Paris
Lektorat: Dr. Hans-Wilm Schutte
Gestaltung: Thienhaus/Wippermann (Büro Hamburg)
Kartographie: Mairs Geographischer Verlag

Printed in Germany
Gedruckt auf 100% chlorfrei gebleichtem Papier

INHALT

Entdecken Sie das Burgenland!

*Trutzige Schlösser auf sanften Hügeln, wogende Schilffelder,
feuriger Wein und Musik
von Haydn und Liszt: ein Land lädt ein*

Im Wein liegt die Wahrheit. Na ja, vielleicht sollte man das nicht zu ernst nehmen. Doch manchmal stimmt es eben. Rubinrot funkelt er im Glas. Blaufränkisch. Fränkisch wie frank wie ehrlich. Der Wein trägt die Ehrlichkeit als Etikett, und sein Bouquet beflügelt die Phantasie. Vor uns erheben sich die Hügelausläufer des Ödenburger Gebirges, der Urheimat des Blaufränkischen. Der Wind trägt den Duft von vielen tausend violetten Salbeiblüten in die Täler, berauscht sanft die Menschen und ihre Gefühle. Oder wir sehen die Ebene vor uns, weit gedehnt gegen Osten. Dazwischen blinkt das Wasser des Neusiedler Sees wie ein urzeitlicher Spiegel, umrahmt von einem wogenden Schilfdschungel, über dem gelassen ein Storchenpaar seine Kreise dreht. Oder wir schauen von den Zinnen irgendeines alten, großartigen Gemäuers auf kleine Städte, Dörfer und die nächsten Zinnen

Wasser, Schilf und Sonne, im Dunst eine sanfte Bergkulisse: der Neusiedler See

auf dem nächsten Hügel. Der Wein geht mit unserer Phantasie durch sein Land spazieren – und vieles ist wirklich, wie wir es erträumen.

Das Burgenland, nüchtern betrachtet: 3965 Quadratkilometer groß, nur 270 000 Einwohner, Österreichs östlichstes Bundesland. Im Westen grenzt es an die Ausläufer der niederösterreichischen und steiermärkischen Alpen, im Norden an das Leithagebirge mit dem dahinterliegenden Wiener Großraum, im Nordosten an die Slowakei, im Osten an Ungarn und im Süden ebenfalls an Ungarn und Slowenien. Im Burgenland leben ungarische, kroatische und slowenische Minderheiten, die allerdings die österreichische Staatsangehörigkeit besitzen. Das Land lebt von Wein- und Obstanbau, Vieh- und Geflügelzucht und vom Tourismus. Die Landeshauptstadt heißt Eisenstadt, und die Burgenländer wehren sich vehement gegen jegliche Bevormundung aus dem nahegelegenen Wien.

Burgenland heißt: Land der Burgen. Und die wurden keineswegs gebaut, weil sie ein paar

Eisenstadts Attraktion Nummer eins: Schloß Esterházy

hundert Jahre später so romantisch aussehen und den Fremdenverkehr ankurbeln würden. Diese Festungswerke dienten ausschließlich kriegerischen Zwecken: sich vor den Schlägen des Gegners zu schützen und diesem möglichst selber den Schädel einzuschlagen. Und Gegner gab es in diesem Landstrich jede Menge. Alle kämpften sie gegen- und untereinander: die Kelten, die Illyrer, die Römer, Awaren, Goten, Langobarden, Hunnen, Slawen, Tataren, die Habsburger, Ungarn und Türken.

Doch warum gerade in diesem schönen Land, dessen Anblick so friedlich und mild stimmt? Ganz einfach: Weil es eben so schön ist, sein Klima so mild, seine Böden so fruchtbar, sein Wein so feurig. Jeder wollte dieses Land besitzen,

und keiner wollte es hergeben. Leider war damals der moderne, sanfte Tourismus noch nicht erfunden, von dem Gast und Gastgeber gleichermaßen profitieren. Der Gast bezahlte damals die Segnungen mit dem Schwert oder einer ähnlich harten Währung, vor allen Dingen wollte er nicht mehr nach Haus gehen; der Gastgeber igelte sich hinter dicken Mauern ein und schoß bei jeder sich bietenden Gelegenheit den Gast in Stücke. Das war nun mal das bittere Los aller paradiesischen Landstriche, und auch das Burgenland mußte es teilen. Heute ist man den Ungarn und Habsburgern dankbar, daß sie im Mittelalter so schöne Burgen bauten und das Burgenland des 20. Jahrhunderts so attraktiv mitgestalteten, obwohl sie es gar nicht so im Sinne hatten. Ob die Nachfahren der heutigen Burgenländer später einmal so eine Dankbarkeit empfinden werden, ist eine ganz andere Frage.

Ein Land lädt ein: zu den endlos weiten Ebenen im Norden, zu den sanften Hügeln, zu grünen Weinbergen, die sich im Herbst in eine Farbpalette verwandeln, wie sie kein Maler dieser Welt je zur Verfügung hatte. Ein Land lädt ein: zu Sport und Freizeit kommen Segler, Surfer, Angler, Wasserratten und Naturfreunde, gelockt vom Neusiedler See, dem einzigen Steppensee Europas. Nur ein bis zwei Meter tief ist er und so ganz anders als andere Seen: Man kann ihn ganz durchwaten. Solch einen »Wassermarsch« organisiert bisweilen das Österreichische Bundesheer. Wenn Wasserstand und Witterung stimmen, findet im August diese viel umjohlte Seewanderung statt.

Ein Land lädt ein: zum Schlemmen an den Tischen seiner Bauernküche. Deren üppige Speisen sind das einzig Genießbare, was die verfeindeten Gäste und Gastgeber aus der Totschlagzeit hinterlassen haben. Pannonische Küche, sagt der Fachmann. Die besten Genüsse Ungarns, Serbiens, Kroatiens haben sich mit denen Österreichs, Bayerns und vielleicht sogar der Türkei vermischt. Das ist nicht unbedingt jedermanns Sache. Die Püree-Puristen der Nouvelle Cuisine werden sich mit Grausen abwenden, zum Beispiel von der »Komposition« eines »Pußtageheimnisses« oder Ähnlichem: Da liegen dann Spießchen mit Schweinefleischwürfeln, Speck, Zwiebeln und Paprika gemeinsam mit Rostbraten, Peperoni und knusprigen Schweinekoteletts auf einem Bett von heißem Kartoffelbrei, rundum häufen sich Berge von frischen Erbsen, grünen Bohnen oder Spargel. Und dazu wird reichlich Letscho serviert, eine feurige Beilage aus gekochten Tomaten, Zwiebeln und Paprika. Wer da mit Anstand durchkommt, bleibt für sein Leben ein Burgenländer. Es sind nicht wenige.

Ein Land lädt ein: zum stillen Genuß seiner Kultur. Denn dieses Land hat nicht nur die Schlupfwinkel seiner Raufbolde hinterlassen, nicht nur die überladenen Tische für Vielfraße, sondern auch die Musik seiner Söhne Haydn und Liszt, die Bilder und Gedichte der Mida Huber aus Landsee, die kroatische Poesie des Dichters Martin Miloradic. Im September ist Eisenstadt ein einziger Akkord – Haydn-Festspiele. Die Botschaft heißt: Harmonie, nichts als Harmonie.

Das Land lädt auch ein zur Suche nach den Spuren seiner Besitzer. Ein klingender Name geistert von Nord nach Süd, von Ost nach West: Esterházy! Überall Esterházy! Alle Schlösser, alle Burgen sind mit diesem Namen verbunden, auch ein Großteil von Kunst und Kultur, man denke nur an Joseph Haydn. Burgenland heißt: Esterházy-Land. Dieses einst mächtige Fürstengeschlecht ungarischer Abstammung scheint allgegenwärtig. In der Politik, in der Wirtschaft, im Kunstmäzenatentum. Nun sind zwar die Zeiten der Feudalherrschaft in Österreich längst beendet. Dennoch gehört den Esterházys über ein Achtel des

Burgenlandes. Es ist jedoch eine aussterbende Familie. Mit Fürst Paul ist der letzte männliche Esterházy der ersten Linie in Zürich verstorben. Seine Gemahlin Melinda ist nun Oberhaupt der Familie. Aber auch sie ist kaum noch auf der alten Residenz in Eisenstadt anzutreffen. Zürich ist jetzt Familiensitz. Und es gibt keine Nachfolger, sondern nur noch weitläufige Verwandte in Ungarn und Portugal. Der Name Esterházy wird endgültig Geschichte.

Ein Land lädt ein: zum Heurigen oder zur Spätlese. Oder zum Ruster Ausbruch, einer Weinspezialität vom Neusiedler See. Da kann es durchaus passieren, daß es ein Operettenabend wird: Komm Zigan, spiel mir was vor! Man muß nicht lange fragen und bitten, der Zigan muß auch nicht echt sein und die Musik nicht immer erste Wahl. Die Geige schluchzt, weil Zigan-Geigen immer zu schluchzen pflegen, der Wirt bringt eine neue Flasche, schließlich schluchzt auch der Gast. Und alle fühlen sich wohl.

So ist das im Burgenland. Und so ist es auch nicht. Ich erinnere mich einer Fahrt mit dem Schienenbus von Eisenstadt entlang dem Neusiedler See nach Neusiedl. Umsteigen, dann weiter durch den Seewinkel bis nach Pamhagen und schließlich zurück. Der Triebwagen rumpelte an den endlosen Schilffeldern vorbei, wo kein Auto hinkommt. Es war Februar, die Störche waren in Afrika, die Touristen zu Hause hinter dem Ofen, und der Zigan arbeitete längst wieder als Taxifahrer in Wien. In der Ferne blinkten die Schneefelder der Alpen, als die Sonne durchbrach und Weinberge, Schilfdickicht und See mit einem weichen, seltsam gelben Licht überflutete, zu einem einzigen, nicht teilbaren Bild verschweißte. Es stand wie ein Dia vor dem Zugfenster. Und es war nicht die Phantasie oder der Wein. Es war das wahre Burgenland.

Schilfhütte und Ziehbrunnen am Neusiedler See bei Illmitz

Geschichtstabelle

ca. 7000–5000 v. Chr.
Erste Siedlungsspuren

400 v. Chr.
Das Burgenland wird keltisch

11 v. Chr.
Pannonien (heutiges Burgenland) wird römische Provinz

433–453
Besetzung durch Hunnen. Die Römer treten Pannonien an Attila ab

8. Jh.
Pannonien wird Teil des Frankenreiches. Einwanderung bayerischer und slawischer Siedler

1001
König Stephan I. von Ungarn kommt durch Heirat offiziell in den Besitz des Burgenlandes. Danach Ansiedlung deutscher Ritter

12.–13. Jh.
Kriegswirren. Nutznießer sind die unabhängigen Burgherren

1373
Eisenstadt erhält Stadtrecht

1491
Kaiser Maximilian I. erobert das Burgenland für die Habsburger

1529
Die Türken verwüsten das nördliche Burgenland. Bei ihrem Rückzug werden kroatische Bauern angesiedelt

1620
Schlacht von Lackenbach: Der königstreue Nikolaus von Esterházy schlägt mit einem Bauernheer die tatarisch-türkisch-ungarische Armee des Stephan Bocskai

1625
Esterházy wird Stellvertreter des ungarischen Königs. Die Familie erhält riesige Güter im Burgenland

1664
Neuer Türkeneinfall

1683
Die Türken unter Kara Mustafa überrennen das Burgenland. Eisenstadt und die meisten Dörfer gehen in Flammen auf

1848
Ungarischer Volksaufstand, Unterdrückung deutschen Volkstums. Erste Auswanderungswelle nach Amerika

1919
Der Versailler Vertrag spricht das Burgenland Österreich zu, ungarische Bewaffnete verhindern die Eingliederung

1921
Durch eine manipulierte Volksabstimmung kommt das östliche Burgenland zu Ungarn

1925
Eisenstadt wird Hauptstadt des österreichischen Burgenlandes

1945
Wiederherstellung des Burgenlandes in seinen alten Grenzen. Bis 1955 sowjetische Besatzung

1993
Gründung des Nationalparks Neusiedler See/Seewinkel

Von Ambrosi bis Zigeuner

*Persönlichkeiten, Eigenarten, Bräuche – was Sie
über das Burgenland wissen sollten*

Ambrosi, Gustinus
Der Eisenstädter Künstler (1893 bis 1976) war einer der bedeutenden Bildhauer unseres Jahrhunderts. Er schuf Bildnisse bekannter Persönlichkeiten.

Ananaserdbeeren
Berühmte Erdbeeren aus Wiesen. Nicht nur in Wimbledon, sondern auch auf einer internationalen Veranstaltung im Burgenland werden sie gereicht: beim Jazz-Festival von Wiesen. Das Wahrzeichen dieses Ortes ist ein großer erdbeerförmiger Felsblock, der »Bumabia« genannt wird. Deshalb nennt man die Wiesener Erdbeeren auch »Bumabias«.

Blochziehen
Ein alter Brauch in etlichen burgenländischen Gemeinden. Ein langer, geschmückter Baumstamm wird durch den Ort gezogen. Früher galt das als eine Art Fruchtbarkeitsbeschwörung, wenn in einem Dorf schon lange keine Hochzeit mehr stattgefunden hatte.

Weinbau hat hier Tradition

Calvinismus
Der ungarische Adel des Burgenlandes wandte sich in der ersten Hälfte des 16. Jhs. relativ früh dem Protestantismus Calvins zu, während die deutschstämmige Bevölkerung mehr den Lehren Luthers anhing. Die blutige Gegenreformation und Rekatholisierung wurde besonders von den Adelsfamilien Esterházy und Nádasdy betrieben.

Esterházy
Im Burgenland ein allgegenwärtiger Name. Die Grafen und Fürsten von Galantha und ewige Grafen von Forchtenstein waren früher die vermutlich reichste und mächtigste Adelsfamilie Ungarns. Angeblich stammen sie vom Geschlecht der Salamons ab, das schon im 12. Jh. urkundlich nachgewiesen ist: 1238 teilen sich die Salamonsöhne Peter und Illés den väterlichen Besitz. Peter wurde der Stammvater der Familie Szerházy (Esterházy). Ende des 16. Jhs. erbte Franz von seiner Mutter die Herrschaft Galantha. Er war auch der erste, der sich Esterházy de Galantha nannte. Sein Sohn Nikolaus begründete Ruhm und Reichtum der Fami-

lie. Er schlug 1620 mit seinen Neckenmarkter Bauern ein Heer von ungarischen Aufständischen und bekam dafür als Treueprämie vom ungarischen König Eisenstadt und Forchtenstein als Pfand. 1625 machte der Titel »Palatin von Ungarn« die Esterházys zu obersten Würdenträgern und zu einer einflußreichen Familie, 1687 wurden sie in den Fürstenstand erhoben. Die Esterházys hatten bis zum Ende der österreichisch-ungarischen Monarchie große Macht am Wiener Hof, sie galten als unermeßlich reich und als Förderer der Künste – man denke nur an Haydn. Ihr Einfluß auf Kultur und Architektur ist auch im Burgenland von heute nicht zu übersehen.

Fauna und Flora

Die Tierwelt des Burgenlandes verdankt vor allem dem einzigartigen Biotop des Neusiedler Sees ihre besondere Vielfalt. Die stark verschilften Ufer des Sees gelten als *das* Vogelparadies Europas. Unter anderem sind Kormoran, Löffler (eine Ibis-Art), Silber-, Purpur- und Fischreiher, Kranich, Seeregenpfeifer, Säbelschnäbler, Seeschwalbe, Graugans, Stockente, Wachtel, Lachmöwe, Zwergtaucher, Uferschnepfe, Wiedehopf, Pirol, Eisvogel, Große Rohrdommel und Zwergrohrdommel zu beobachten. Im Sommer erwärmt sich der flache See bis auf 30 Grad, im Winter friert er regelmäßig zu. Er ist daher ein klassisches Karpfen- und Hechtgewässer. In Rust und den Dörfern des Seewinkels gehören Jahr für Jahr nistende Störche zum Landschaftsbild. Im flachen Weideland brütet sogar die seltene Großtrappe, ein gänsähnlicher Flugvogel. Im Naturschutzgebiet Neusiedler See/Seewinkel, dem ersten grenzübergreifenden Naturpark Europas, sind am Unteren und Oberen Stinkersee sowie an etlichen »Lakken« (kleinere, flache Weiher) Fischotter, Hamster, Wiesel, Steppenmäuse, Frösche, Kröten, Molche, Lurche, Ringelnattern, Glattnattern sowie Spitzkopfottern heimisch. In den Waldgebieten des Burgenlandes leben vereinzelt noch Schrei-, Schell- und Zwergadler. Noch seltener sind Adlerbussard und Steinadler. Der Uhu ist nahezu ausgestorben.

Bemerkenswert an der Pflanzenwelt sind Gewächse, wie sie sonst nur in afrikanischen Salzwüsten oder an südlichen Meeresstränden vorkommen: Meerbinse, Salzgras, Salzkresse, Meeresbeifuß, kleinasiatische Schwarzwurz und Meeresstrandblume. Sie finden durch das sommerliche Verdunsten des leicht salzigen Lackenwassers ihre idealen Wachstumsbedingungen.

Glykol

Im Burgenland ein ausgesprochenes Reizwort. 1985 entdeckten Lebensmittelchemiker im Burgenländer Wein das Frostschutzmittel Glykol. Einige oberschlaue Winzer und Weinhändler hatten den Stoff zur Süßung von Spät- und Auslesen beigefügt. Als zynischer Trinkspruch kursierte: »In vino exitus«. Die meisten Glykolweine wurden nach Deutschland exportiert. Der Skandal stürzte den gesamten österreichischen Weinbau in eine tiefe Krise, die freilich auch eine reinigende Kraft hatte: Das Land hat heute das wohl strengste

Weingesetz der Welt. Und jener Toast: »Wer dich verschmäht, du edler Wein, der ist nicht wert, Chemiker zu sein.« hat seine Popularität verloren.

Haydn

Joseph Haydn ist neben Mozart und Beethoven einer der drei Großmeister der Wiener Klassik. Der wohl berühmteste Burgenländer wurde am 31. März 1732 in Rohrau an der Leitha als das älteste von 20 Kindern geboren. Mit 20 konnte er fast alle Blas- und Saiteninstrumente spielen und hatte bereits etliche Serenaden, Klaviersonaten sowie die Oper »Der krumme Teufel« komponiert. 1759 schrieb er seine erste Symphonie. Zwei Jahre später wurde er Kapellmeister am Hofe des Fürsten Esterházy in Eisenstadt. Dieses Amt hatte er 30 Jahre inne. In Eisenstadt schrieb Haydn die meisten seiner Kompositionen. 1790 zog er nach Wien, verbrachte aber die Sommermonate stets im Burgenland. Noch im gleichen Jahr wurde er auf einer triumphalen Konzertreise in England gefeiert und 1791 in Oxford zum Doktor der Musik ernannt. Nach dem Tod seines Gönners, des Fürsten Nikolaus Esterházy von Galantha, zog er 1794 für ein Jahr nach London. Haydn starb am 31. Mai 1809 in Wien. Nach seinem Tod klangen im gesamten Habsburger Reich die Totenglocken. Sein Lebenswerk ist gigantisch: 118 Symphonien, 19 Opern, 83 Quartette, 24 Trios, 24 Konzerte und viele weitere Instrumentalstücke, ferner 15 Messen, 5 Oratorien und zahlreiche Lieder.

Übrigens wirkte auch Haydns fünf Jahre jüngerer Bruder Jo-

Haydns Wohnhaus in Eisenstadt

hann Michael als Komponist: Er brachte es in Salzburg zum Konzertmeister und Domorganisten. Sein Werk umfaßt zahlreiche Messen, Kirchenlieder, Symphonien und Streichquartette.

Heinzen

Auch Heanzen, Hienzen und Henzen genannt. So heißen seit dem Mittelalter die deutschstämmigen Burgenländer – nach den häufig gebräuchlichen Vornamen Heinz oder Heinrich. Die Heinzen gelten als besonders bodenständig und wurden daher von den ungarisch- oder kroatischstämmigen Landsleuten gern verspottet. So setzte sich auch Anfang der 20er Jahre die Initiative, die neue österreichische Provinz statt Burgenland »Heinzenland« zu nennen, nicht durch.

Judentum

Ein bedeutender Faktor in der Geschichte des Burgenlandes. Sechs sephardische Familien, Emigranten aus Spanien, gründeten in Mattersdorf die erste jüdische Gemeinde. Sie zogen

Flüchtlinge aus allen Teilen des Habsburger Reiches nach sich. Mit der sogenannten Toleranztaxe, einer Aufenthaltssteuer, erkauften sich die Juden den Schutz der großen Adelsfamilien Esterházy, Batthyány und Nádasdy. Sie genossen völlige Religionsfreiheit sowie eine eigene Gerichtsbarkeit. So entstanden auch die »sieben heiligen Gemeinden« von Eisenstadt, Deutschkreutz, Frauenkirchen, Kittsee, Kobersdorf, Lackenbach und Mattersdorf. Die Talmudschule von Mattersdorf genoß großes Ansehen. Die Juden waren auch in ihrer nichtjüdischen Umwelt angesehene Burgenländer, die in Kultur und Wirtschaft des Landes eine große Rolle spielten. Als Beispiele mögen der Musiker und Komponist Carl Goldmark (1830 bis 1915) aus Deutschkreutz gelten, Schöpfer der Oper »Die Königin von Saba«, oder der Bankier und ungarische Landesrabbiner Samson Wertheimer (1658 bis 1724), den Zeitgenossen auch den »Juden-Kaiser« nannten. Im Hof seines barocken Hauses in Eisenstadt steht noch immer die Privatsynagoge des Geistlichen. Das Gebäude hat sogar den Vernichtungsfeldzug der Nazis überstanden. Von den meisten jüdischen Burgenländern kann man das nicht sagen.

Kukuruz

Hört sich maghrebinisch an, ist aber ungarisch, und zwar ganz gewöhnlicher Mais, das Futtermittel für die berühmten burgenländischen Enten und Gänse. Dem Kukuruz verdanken die Burgenländer ihre delikaten Geflügelleberpasteten.

Liszt

Einer der ganz Großen der Musikgeschichte. Franz Liszt wurde

Der jüdische Friedhof von Eisenstadt

Die Marco Polo Bitte

Marco Polo war der erste Weltreisende. Er reiste in friedlicher Absicht, verband Ost und West. Er wollte die Welt entdecken, fremde Kulturen kennenlernen, nicht zerstören. Könnte er für uns Reisende des 20. Jahrhunderts nicht Vorbild sein? Aufgeschlossen und friedlich sollte unsere Haltung in anderen Ländern sein. Dazu gehören auch Respekt vor Mensch und Tier und die Bewahrung der Umwelt.

WWF

1811 in Raiding (mittleres Burgenland) geboren. Sein Vater Adam war Rentmeister der Esterházyschen Schäferei. Bereits in seiner Kindheit fiel der kleine Liszt durch seine ungewöhnliche Musikalität auf. Mit zehn Jahren wurde er in Wien von Czerny und Salieri (dem alten Mozart-Rivalen) ausgebildet und mit zwölf Jahren bereits in ganz Europa als Klaviervirtuose gefeiert. Im gleichen Alter komponierte er die Oper »Don Sancho«, die in Paris mit großem Erfolg uraufgeführt wurde. Schon früh wurde er zum Doktor ernannt, es folgte eine atemberaubende Karriere als Hofrat und Hofkapellmeister in Wien. Er galt vielen als der größte Musiker seiner Zeit. Von 1848 bis 1861 arbeitete Liszt als Komponist, Dirigent, Schriftsteller und Lehrer in Weimar. Daneben machte er die Musikdramen seines Freundes und Schwiegersohns Richard Wagner (mit Liszts Tochter Cosima verheiratet) populär. 1870 wurde er zum Präsidenten der königlich-ungarischen Musikakademie in Budapest ernannt; 1885 empfing er in Rom die Weihen als Weltgeistlicher. Ein Jahr später starb Franz Liszt in Bayreuth.

Seinen Heimatort Raiding hatte er nur noch selten gesehen: 1840 vor Beginn einer großen Konzerttournee nach Paris, London, Berlin und Sankt Petersburg, 1848 bei einem Besuch mit seiner Geliebten, der Fürstin Caroline von Sayn-Wittgenstein, und 1881 anläßlich seines 70. Geburtstages. Zitat aus der Chronik von Graf Zichy: »… und nun jubelten Enkel und Urenkel dem schönen Glaswagen zu, in welchem der große Mann saß. Aus dem kleinen blonden Franzl war ein weißer großer Franz geworden, ein alter Mann, neben dem schon der Tod saß, aber über dessen Haupte die Unsterblichkeit schwebte.«

Minderheiten

Etwa sieben Prozent der 270 000 Einwohner des Burgenlandes sind Kroaten, die sich während der Türkenkriege ansiedelten. Sie sprechen noch heute kroatisch und halten beharrlich an ihren Traditionen und malerischen Trachten fest. Allerdings haben rund 60 Prozent der burgenländischen Bevölkerung kroatische Vorfahren. Die größten Kroaten-Siedlungen befinden sich in der Nähe von Eisenstadt, bei Oberpullendorf und östlich von Oberwart.

1,5 Prozent Burgenländer sind Ungarn. Sie wohnen in Oberpullendorf sowie in Oberwart und Umgebung.

In der Region um Oberwart leben außerdem Walachen, deren Vorfahren aus dem dalmatinischen Hochland stammen und ebenfalls im 17. Jh. angesiedelt wurden. Sie sprechen einen kroatischen Dialekt.

Die ungarischen, slowenischen und kroatischen Minderheiten besitzen allesamt die österreichische Staatsbürgerschaft.

Nelson

Er liebte seine Lady Hamilton vermutlich auch in Eisenstadt: 1800 war der berühmte englische Admiral Lord Horatio Nelson Gast des Fürsten Nikolaus Esterházy II. In Begleitung des hohen Seeoffiziers kamen auch Sir William Hamilton und seine junge, schöne Frau, Lady Emma Hamilton, mit nach Eisenstadt. Sie war die Geliebte des legendären englischen Helden. Die beiden gelten noch heute als eines der berühmten Liebespaare der Weltgeschichte. Zu Ehren der Gäste wurden Feuerwerke, Jagden und festliche Bälle veranstaltet. Außerdem spielte ihnen fünfmal die fürstliche Hofkapelle unter Leitung von Joseph Haydn auf, der 1798 zum Lobe des Engländers nach dessen Seesieg von Abukir die »Nelson-Messe« komponiert hatte.

Ödenburg

Die Stadt war nach dem Ersten Weltkrieg ursprünglich als burgenländische Hauptstadt vorgesehen. 1921 war Österreich unter dem Druck der Siegermacht Italien jedoch gezwungen, in Ödenburg und in sieben umliegenden Dörfern eine Volksabstimmung über eine Grenzkorrektur durchzuführen. Gleichzeitig übten ungarische Behörden und Freischärler Druck auf die Bevölkerung aus. Schließlich wurden sogar die Wahlergebnisse manipuliert – und fortan gehörte Ödenburg samt Umgebung zu Ungarn. Heute heißt es Sopron (D 5). An seiner Stelle wurde Eisenstadt Landeshauptstadt.

Pußta

Diese flache ungarische Steppenlandschaft ist auch im Osten des Seewinkels anzutreffen. Sie wird unterbrochen durch rund 60 »Lacken«, mit Wasser gefüllte Mulden, die bisweilen im Sommer austrocknen.

Rauchstubenhaus

Altes burgenländisches Bauernhaus mit offener Feuerstelle.

Tamburizza

Diese kroatischen Kapellen sind bei Einheimischen und Touristen gleichermaßen beliebt. Die Musiker spielen in bunter Tracht auf dem Akkordeon und verschiedenen Saiteninstrumenten zum Volkstanz auf. Der Name wird von der Tamburica abgeleitet, einem mandolinenähnlichen Instrument, das auch mit der russischen Balalaika verwandt ist. Die besten Tamburizzakapellen kommen aus Klingenbach, Hornstein, Baumgarten, Unterpullendorf, Trausdorf und Nikitsch.

Venus von Draßburg

Die 5000 Jahre alte Reliefplastik, vermutlich eine Fruchtbarkeitsgöttin, ist eines der ältesten Zeugnisse für die Besiedlung des Burgenlandes. Sie wurde neben Schädelbechern aus der Steinzeit

Ungarischer Volkstanz wird auch im Burgenland gepflegt

in dem kleinen kroatischen Dorf Draßburg gefunden und ist jetzt im Burgenländischen Landesmuseum in Eisenstadt ausgestellt.

Wirtschaft

Das Burgenland ist eine Agrarregion. Erst vor wenigen Jahrzehnten siedelte sich hier Industrie an. In und um Eisenstadt gibt es Textilherstellung und Kunststofferzeugung. Ferner hat die Konservenindustrie (Obst, Gemüse, Marmelade etc.) einige Bedeutung gewonnen. Aus dem bis zu 5 Meter hohen Schilfrohr des Neusiedler Sees stellt man Bauplatten und Stukkaturrohre her. Im wesentlichen aber lebt das Burgenland immer noch von der Landwirtschaft: von Getreide-, Obst- und Gemüseanbau. Bemerkenswert ist noch die tradi-

tionelle Geflügelzucht (Hühner, Enten, Gänse) sowie die Schweine- und Rinderhaltung. Die erste Rolle in der Landwirtschaft spielt jedoch der Weinbau. Mit über 14 000 Hektar ist das Burgenland nach Niederösterreich die zweitgrößte Anbauregion der Republik. Eine immer gewichtigere Rolle in der Wirtschaft des Burgenlandes spielt freilich der Tourismus. 1992 wurden 2,7 Mio. Übernachtungen gezählt.

Zigeuner

Noch vor dem Zweiten Weltkrieg streiften sie in malerischen Planwagen durch das Land. Dem Naziterror entkamen nur wenige der Burgenländer Roma. Erst in jüngster Zeit wanderten wieder mehr Familien aus dem Balkan ein.

17

Schwelgen wie Gott in Pannonien

Im Burgenland kann Essen und Trinken noch Schwerstarbeit bedeuten: Man stöhnt vor Genuß

Essen und Trinken hält bekanntlich Leib und Seele zusammen. So auch im Burgenland, nur daß hier nicht mit fein gespreizten Fingerchen diniert, sondern geschwelgt wird, bis es einem die Schweißperlen auf die Stirn treibt. Essen kann hier noch Schwerstarbeit bedeuten – die schönste der Welt, oder die zweitschönste…

Die burgenländische, das ist die pannonische Küche, benannt nach Pannonien, jener römischen Donauprovinz, die sich über das heutige Burgenland erstreckte, über Westungarn und Teile Sloweniens und Kroatiens, der Steiermark und Niederösterreichs. Würde man sich die ganze pannonische Küche in einer Suppe verkörpert denken, so fände man darin die Zutaten vieler Völker: der Österreicher, der Bayern und Schwaben, der Kroaten, Ungarn und Slowenen, der Türken und Walachen. Und es wäre ein feuriges Süppchen, denn jeder gab sein Bestes. In der Tat: die pannonische Küche ist von Natur aus international.

Heurigenlokal in Purbach

Es heißt, das burgenländische Essen sei schwer. Stimmt! Man muß schon Lust und Zeit mitbringen, um sich durch all die Suppentöpfe, das Schweine-, Rinder- und Gänsefleisch zu essen, durch das Fischangebot des Neusiedler Sees, durch die Mehlspeisen, die Würste, den Schinken und das Gemüse, durch die Obstberge, Kuchenspezialitäten und Süßspeisen. Hier dampft noch die Lebensfreude, und das Genießen erfordert Charakter. Wer den besitzt, der möchte kaum mehr aufstehen von den Tischen des Burgenlandes, denn er erlebt unverfälschten Geschmack: Genuß ohne Reue.

Um einen Eindruck zu vermitteln: Anläßlich der burgenländischen Landesausstellung auf Burg Forchtenstein boten im Sommer '93 verschiedene Gastronomen das Gala-Menü »Diner-souper à la Estcrházy« an. Die Speisenfolge: Sulz vom Haushasen, dann Krautzwickerl vom Zander mit Kümmel und Knoblauchvinaigrette, Fürstlich-Esterházy'sche Weinsuppe mit entkernten sautierten Trauben und Schwarzbrotcroutons, Blunzenpalatschinken auf Selleriepüree mit Pfeffergrammeln, Beiried-Schnitten auf Esterházy Art in Rahmsauce mit Wurzelgemüse und Polenta und als Dessert Esterházywürfel mit Beerenfrüchten und Sorbet. Dazu wurden drei Weine gereicht, danach Kaffee und Marillenschnaps.

Nun wird nicht jedes Mahl so ausufernd zelebriert. Typisch ist vielmehr eine Bauernküche, die es gern einfach mag und deftig, doch geschmackvoll. Das beginnt schon bei den Suppen, als da wären: Knoblauchsuppe, Krautsuppe, Rahmsuppe, Bohnensuppe, Aalsuppe und andere. Ein typisches Gericht ist auch der Sterz, eine wahre Kalorien- und Cholesterinbombe. Er wird aus trockenem, geröstetem Weizenmehl zubereitet, das dann mit heißem Wasser und später mit reichlich heißem Schweineschmalz übergossen wird. Man kann den Sterz auch mit Bohnen oder Kartoffeln backen. Als Beilage wird saure oder süße Sahne gereicht oder ein Zwetschgenkompott.

Wem dieses Essen noch zu leicht erscheint, sollte es mit Grammelpogatschen versuchen. Das sind Speckgrieben, mit viel Schmalz, Rahm, Mehl, Salz, Kümmel und Wein zu Teig geknetet und mit einer runden Form ausgestochen. Diese Scheiben werden anschließend mit Ei, Salz und Kümmel bestrichen und dann im Ofenrohr gebacken. Dazu trinkt man reichlich Wein.

Das Hausschwein, das immer noch fast jeder Bauer auf seinem Hof hält, spielt eine herausragende Rolle: Sülze, Schinken, Würste, Blunz'n (Blutwurst), Kochfleisch, Speck, Stelze (Haxen), Braten, Kotelett, Schnitzel,

Schweinslende karpatisch, Spanferkel, Schlachtplatte, Sautanz und jede (multikulturelle) Art von Spießen: Türkenspieß, Husarenspieß, Zigeunerspieß, Hirtenspieß. Dieses fein marmorierte Fleisch wird meist delikat zubereitet mit viel Knoblauch, weißem, schwarzem und grünem Pfeffer, edelsüßem Paprika, Zwiebeln, Salz, Petersilie, Kümmel, Lorbeer, Majoran, Thymian etc. Dabei tauchen immer wieder die vier Lieblingsgemüsearten des Burgenländers auf: Paprika, Knoblauch, Tomaten und Zwiebeln. Daraus kann man auch das Lecsó (Letscho) machen, eine beliebte ungarische Beilage zu jeglichen Fleischgerichten: Zwiebeln und Paprika werden in Schmalz geröstet, dazu kommen gehäutete Tomaten und etwas Knoblauch. Dann nur noch etwas Salz – und es schmeckt zum Reinknien.

Eine typische Spezialität ist Gulasch, das Erbe der Ungarn. Nur hat das burgenländische Gulasch nicht sehr viel mit dem ungarischen Gulyás zu tun, das nach unserem Verständnis mehr eine Suppe ist. Im Burgenland versteht man unter Gulasch Rindswürfel aus Schulter oder Keule, die in einem Ragout mit viel Zwiebeln und edelsüßem Paprika gesotten werden. Ungarn nennen dieses Gericht »Pörkölt«. Bei Gulasch gibt es mindestens zwei Dutzend Arten der Zubereitung. Und seriöse Experten behaupten sogar, daß jedes Wirtshaus sein Gulasch anders zubereite: als Rindsgulasch, Sekely-Gulasch (vom Schwein), Kalbsgulasch, Debrezinergulasch, Zigeunergulasch, Bauerngulasch, Kaisergulasch, Fiakergulasch, natürlich

Sankt Martin und die Gänse

Obwohl der heilige Martinus im Jahre 316 in Sabaria/Steinamanger in Ungarn geboren wurde, ist er der Patron des Burgenlandes – und vor allem der Schutzherr der Gänsezucht. Warum? Es geht die Kunde, daß Martin, mittlerweile ein frommer Mönch, den es als römischen Legionär bis an die Loire verschlagen hatte, zum Bischof von Tours gewählt werden sollte. Das paßte dem bescheidenen Mann zunächst gar nicht. Er versteckte sich in einem Gänsestall, um der Wahl zu entgehen. Das Federvieh schnatterte aber wild drauflos und verriet so sein Versteck.

Seither müssen die Gänse ihre »Untat« mit dem Leben büßen. Für die Herkunft des Martini-Schmauses gibt es allerdings auch eine wahrscheinlichere Erklärung: Im Mittelalter mußten die Bauern am 11. November junge Gänse als Zehnten dem Grundherrn abliefern.

Esterházy-Gulasch, Paprika-Gulasch, Saftgulasch, Spezialgulasch (aus Filet) und so weiter.

Etwas leichter sind die Aal-, Karpfen- und Hechtgerichte. Die Auswahl ist ebenfalls äußerst vielfältig: z.B. Fogosch (Zander) auf ungarische Art, Zander nach Bojaren-Art oder Zanderfilet kroatisch. Wer die Vielfalt des Neusiedler Sees auf seinem Teller sehen möchte, bestellt am besten ein Fischpaprika, einen Fischeintopf.

Des Burgenländers liebstes Tier ist jedoch das Gansl. Das Federvieh wird hier mit viel Liebe gezüchtet. Noch heute sieht man die weißen Wächter die Dorfstraßen entlangpatrouillieren. Ihr Weg führt unweigerlich in die Küche. Der Gans bleibt ein Trost: Köstlicher wird sie woanders kaum zubereitet. Sie kommt gebraten, geröstet oder gebacken auf den Tisch, mit Eßkastanien, Äpfeln, Zwiebeln, Pilzen, Trüffeln oder in Weißweinaspik. Ihre Leber wird zu Pastete verarbeitet. Die Brust wird mal geräuchert auf Knoblauchtoast, mal gefüllt serviert. Letzteres ist eine ganz besondere Spezialität: Zur Füllung nimmt man Hackfleisch, Kalbsleber, Äpfel und Rosinen, gewürzt mit Zwiebeln, Knoblauch, Lorbeer, Pfeffer, Muskat, Gewürznelken, etwas scharfem Senf und ein bißchen Rotwein. Trinken Sie dazu ein Glas Trockenbeerenauslese – und schon sind Sie ins Paradies entfleucht. Den Gänsebraten selbst mögen die Burgenländer am liebsten mit Äpfeln oder Maroni gefüllt, dazu ein Apfelblaukraut und faustgroße Semmelknödel, die in einer goldbraunen Sauce schwimmen. Wer jetzt noch ein Plätzchen frei hat, auf den warten herrliche Leckereien, z.B. einer der vielen Strudel oder ein hauchdünner Palatschinken mit Marillenkonfitüre.

Wein

Beim Namen »Burgenland« denkt man in erster Linie an Wein. Dafür sorgte sicher auch der Frostschutzmittelskandal von 1985. Damals gab es niemand auch nur einen Pfifferling auf die

Zukunft des burgenländischen Weins.

Die Winzer haben indes aus dieser Krise gelernt und so ihren Platz in der Spitzengruppe des europäischen Weinbaus wieder eingenommen. Man könnte es auch als das Weinwunder vom Burgenland bezeichnen, denn hiesige Auslesen erringen regelmäßig wieder Goldmedaillen und »Weltmeister-Titel« bei der Weinausstellung in Bordeaux.

Wie auch in anderen Anbaugebieten brachten die Römer vor 2000 Jahren den Wein ins Land. Klima und Böden waren hervorragend geeignet, so daß burgenländischer Wein bereits im Mittelalter an allen europäischen Fürstenhöfen begehrt war.

Innerhalb des Burgenlandes unterscheiden wir vier Anbaugebiete:

1. Neusiedler See mit Pußtaklima (heiße Sommer): schwere weiße Ausleseweine. Bedeutendster Weinort ist Illmitz, flächenmäßig Österreichs größte Anbaugemeinde.

2. Neusiedler See-Hügelland: überwiegend Weißweine, aber auch beachtliche Rotweine (Blaufränkisch, Cabernet Sauvignon). Weinbaugemeinden sind Rust, Oggau, Mörbisch, Donnerskirchen, Purbach, Eisenstadt, St. Margarethen etc. Sie profitieren vom Klimaregulator Neusiedler See (hohe Luftfeuchtigkeit, Wärmespeicher) sowie von den Lößböden im Norden und den Kalkböden der Ausläufer des Leitha-Gebirges.

3. Mittelburgenland: An den Ausläufern des Ödenburger Gebirges gedeihen Österreichs beste Rotweine. Hier ist die Urheimat der blaufränkischen Rebe. Wich-

tige Weingemeinden sind Mattersburg, Deutschkreutz, Horitschon.

4. Südburgenland: überwiegend Weißweine, die großartigen Rotweine (Blaufränkisch, Cabernet Sauvignon) sind jedoch bekannter. Nur 470 Hektar und 1800 Winzer gibt es hier. Hauptweinort ist Heiligenbrunn an der ungarischen Grenze. Das Kellerviertel dieser Region ist eine touristische Attraktion.

Die wichtigsten Weinsorten:

Blauburgunder – edler Rotwein mit großer Frucht und Blume.

Blaufränkisch – der typische burgenländische Rotwein: sanft, mild, leicht herb, ausgeprägtes Bukett, tiefe Farbe.

Cabernet Sauvignon – der französische Burgenländer: tiefes Rot, aromatisch-herb, viel Charakter.

Chardonnay – trockener, süffiger Weißwein, der immer mehr Anhänger findet.

Grüner Veltliner – kräftiger Tischweißwein mit angenehmer Säure.

Müller-Thurgau – milder Weißwein, spritzig, nicht für gehobene Ansprüche.

Muskat-Ottonel – vollmundiger, leicht süßlicher Weißwein.

Neuburger – mildwürziger, vollmundiger Weißwein.

Rheinriesling – edler Weißwein, zarte Säure, großes Bukett.

Weißburgunder – weißer Spitzenwein mit zart-feiner Blume.

Welschriesling – der typische Weißwein des Burgenlandes, leicht herb, spritzig, süffig, feine Blume.

Traminer – goldgelber Weißwein mit ausgeprägter Frucht.

Der burgenländische Weinbau ist vom pannonischen Klima verwöhnt. Nirgendwo in Mitteleuropa scheint die Sonne so intensiv wie am Neusiedler See. Darum erscheint es auch völlig unverständlich, daß in der Vergangenheit einige Winzer und Weinhändler ihr Produkt mit unerlaubten Substanzen künstlich versüßten, sind doch die burgenländischen Qualitätsweine schon von Natur aus reich an Traubenzucker. Dieser wird in Österreich mit der »Klosterneuburger Mostwaage« (KMW) gemessen. 15 Grad KMW entsprechen 150 Gramm natürlichem Traubenzucker in einem Kilo Traubenmost. (Für deutsche Weinfreunde: 1 Grad KMW = 5 Grad Oechsle). Laut dem neuen österreichischen Weingesetz gibt es bei den Prädikatsweinen folgende Qualifikationsstufen:

Spätlese: Die vollreifen Trauben dürfen erst nach der Hauptlesezeit (für die Tafelweine etc.) geerntet werden. Sie müssen ein Mindestmostgewicht von 19 Grad KMW haben.

Auslese: Eine Spätlese, bei der die fehlerhaften Beeren aussortiert wurden. Ab 21 Grad KMW.

Beerenauslese: Die überreifen Trauben aus besonders sonnigen Lagen dürfen erst geerntet werden, wenn sie von der Botrytis (Edelfäule) befallen sind. Ab 25 Grad KMW.

Ausbruch: überreife, z. T. schon natürlich eingetrocknete Ernte, die mit frisch gekeltertem Traubensaft der gleichen Sorte versetzt wird. Ab 27 Grad KMW.

Trockenbeerenauslese: edelfaulige und rosinenartige getrocknete Beeren. Ab 30 Grad KMW. Die Spitze des burgenländischen Weines: schwer, fruchtig, zum Teil honigsüß, kann jahrzehntelang gelagert werden. Bei guten Jahrgängen einer der besten Weißweine der Welt.

Eiswein: Eine Rarität, die absolute Krönung der Prädikatsweine. Die vollreifen, eingeschrumpften Beeren werden erst im Dezember geerntet, bei Temperaturen um minus 7 Grad Celsius. Sie müssen bei Ernte und Kelterung gefroren sein. Pro Jahrgang werden nur einige wenige Flaschen Eiswein gewonnen. Er ist deswegen auch entsprechend teuer.

Diese exzellenten Weine werden nur bei besonderen Anlässen und in gehobenen Restaurants als Apéritif oder Dessertwein sowie bei Weinproben kredenzt.

Der übliche Weinkonsum im Burgenland sieht freilich anders aus. Meist trinkt man in den gemütlichen, oft stimmungsvollen »Buschenschenken«, unterhalten von den animierenden Klängen einer Zigeunerkapelle, aus dem Viertelglas oder Krug einen Heurigen, einen Weißwein des letzten Jahrganges, frisch, süffig, herb, allerdings auch relativ anspruchslos. Er kommt zumeist aus Zweiliterflaschen ohne nähere Bezeichnung und Etikett, ist aber in der Regel ein sauberer, naturbelassener Wein. Wer jedoch ganz sicher gehen will, sollte einen »Bouteillen-Wein« in der 0,7- oder 0,75-Liter-Flasche bestellen. Das sind durchweg Qualitätsprodukte mit Namen, Herkunftsbezeichnung, Jahrgang, Qualitätssiegel, Prädikatsbezeichnung und Angabe des Akoholgehalts auf dem Etikett. Allerdings kosten sie etwas mehr – was man am nächsten Morgen dann wieder beim Aspirin einspart.

Keramik, Wein und Steine wie aus Jade

Das Burgenland ist kein Einkaufsparadies für Luxuswaren.
Doch es gibt einige Schätze zu entdecken

Auch im Burgenland wird der übliche Tand – z.B. Seemuscheln, verkitschte Weingläser, Zwetschgenmandl (Steckmännchen aus getrockneten Pflaumen), bemalte Teller und Aschenbecher etc. – als Souvenir angeboten. Interessanter ist das großartige Weinangebot dieser Region. In jedem Weinort sind die örtlichen Tropfen erhältlich. Schilder weisen auf die Einkaufsmöglichkeiten hin. Meistens können alle Weine probiert werden – falls man nicht gerade im nächsten Supermarkt oder Feinkostladen kauft. Die Preise sind überaus moderat. Das gleiche gilt für Obstbrände und Treberschnaps, der aus dem Treber, den gekelterten Weintrauben, gewonnen wird.

Burgenländer Weingelee, geräucherte Würste und Schinken, geräucherte Gänsebrust und Speck sind ebenfalls empfehlenswerte Mitbringsel. Im Süden des Burgenlandes wird aus Kürbiskernen das tiefdunkle, sehr delikate Kernöl mit seinem unverwechselbaren Geschmack hergestellt, eine Delikatesse für Feinschmecker, die obendrein noch sehr gesund ist.

Es gibt freilich auch einige kunstgewerbliche Arbeiten, die typisch für das Burgenland sind. So bieten einige Geschäfte in Eisenstadt heimisches Kunsthandwerk wie Holzschnitzereien, Strohflechtarbeiten oder Trachtenpuppen an. Stoob, ein Ort im mittleren Burgenland, gilt als das traditionelle Keramikzentrum der Provinz. Hier ist seit 1965 der Sitz der Landesfachschule für Keramik und Ofenbau. In sechs Manufakturen wird schlichtes, geschmackvoll bemaltes, teilweise künstlerisch hochstehendes Tongeschirr hergestellt. Man kann direkt beim Erzeuger kaufen.

Ein anderer Tip: In Bernstein, ebenfalls mittleres Burgenland, wird seit 1802 Edelserpentin abgebaut. Das grüne, jadeartige Gestein ist das Material, aus dem heute Töpfe, Leuchter, verschiedene Kunstgegenstände sowie hauchdünne Vasen mit einer Wandstärke von nur einem Millimeter geschliffen werden. Dadurch erhalten sie ihre typische intensive Leuchtkraft – vom hellen bis zum tiefdunklen Grün.

Töpferei in Stoob

Haydn, Jazz und Gänseschmaus

Das Burgenland feiert mannigfaltig, und jeder kommt auf seine Kosten, besonders die Weinfreunde

GESETZLICHE FEIERTAGE

1. Januar: *Neujahrstag*
6. Januar: *Dreikönigstag*
Ostermontag
1. Mai: *Staatsfeiertag*
Christi Himmelfahrt
Pfingstmontag
Fronleichnam
15. August: *Mariä Himmelfahrt*
26. Oktober: *Nationalfeiertag*
1. November: *Allerheiligen*
8. Dezember: *Mariä Empfängnis*
25. Dezember: *Christtag*
26. Dezember: *Stephanitag*

VERANSTALTUNGEN

Januar

6. Januar: *Dreikönigssingen.* Die Sternsinger, meist drei kleine Buben, ziehen als »Heilige Drei Könige« verkleidet von Haus zu Haus und sammeln für die Mission.

Februar/März

Fasching am Neusiedler See. Besonders hübsch ist der Narrenumzug am Faschingssonntag in Podersdorf.

Beim Haydn-Konzert im Schloß Esterházy

März/April

Passionswoche von Gründonnerstag bis Ostern. In vielen Ortschaften schweigen am Karfreitag die Kirchenglocken. Stattdessen ziehen die Ratschenbuben mit ihren Ratschen von Haus zu Haus. Am Ostersonntag gibt's dann Eiersuchen und Speisenweihen. In Stinatz, einer kroatischen Gemeinde, werden die Ostereier erst mit einer dunklen Masse überzogen und dann in kunstvollen Mustern »freigekratzt«.

Mai/Juni

❂*Landesfeiertag* am 1. Mai. Überall werden Maibäume aufgestellt.
Florianikirtag (Kirchweih) in Winden am Neusiedler See.
Beginn der *Kammerkonzerte* im Schloß Esterházy in Eisenstadt. *Bis Okt. Di und Fr um 11 Uhr.*
Beginn der *Haydnkonzerte* ebendort. *Mai, Juni, Sept. Okt. Sa 19.30 Uhr sowie Juli, Aug. Do 20 Uhr.*
★ Beginn der *Passionsspiele* im Römersteinbruch von St. Margarethen, einem atemberaubenden Freilichttheater mit über 300 Laiendarstellern in beeindruckender Kulisse. *Nur alle fünf Jahre, das nächste Mal 1996. Auskunft: Gemeinde-*

MARCO POLO TIPS FÜR FESTE

1 Internationale Haydntage
Eine herrliche Musikwoche
in Eisenstadt (Seite 29)

**2 Passionsspiele im
Römersteinbruch**
Atemberaubende Kulisse –
leider nur alle fünf Jahre
(Seite 27)

**3 Neckenmarkter
Fahnenschwingen**
Farbenprächtiges Schau-
spiel im mittleren Burgenland (Seite 28)

4 Schloßspiele Kobersdorf
Bezauberndes Freilicht-
theater im Burghof
(Seite 28)

**5 Burgenländische
Weinwoche in Eisenstadt**
Das Fest der 100 Weine
(Seite 29)

6 Operettenfestspiele
Die Sangesmusen
am Neusiedler See
(Seite 28)

**7 Jazz und Erdbeeren
in Wiesen**
Internationales fürs Ohr,
Heimisches für den
Gaumen (Seite 28)

8 Martini
Eine Gans kommt selten
allein. Festschmaus des
Jahres (Seite 29)

amt, A-7062 St. Margarethen, Haupt-
platz 1, Tel. 00 43/26 80-22 02.
Farbenprächtige *Fronleichnamspro-
zession* in vielen Gemeinden des
Burgenlandes.
Güssinger Musiktage: klassische
Musik, Mai–Juni.
Grenzlandtage: Im Juni Landwirt-
schaftsmesse in Heiligenkreuz im
Lafnitztal.
Grillparzerfestspiele auf Burg
Forchtenstein.
★ *Neckenmarkter Fahnenschwingen*
in Neckenmarkt am Sonntag
nach Fronleichnam, anläßlich des
Sieges des Neckenmarkter Bau-
ernheeres über die Ungarn 1620.

Juli
Gidon Kremers Musikfestival auf
Burg Lockenhaus: klassische Mu-
sik und junge Talente. *Erste zwei
Juliwochen.*
★ *Operettenfestspiele* auf der Frei-
lichtbühne von Mörbisch. Sie

liegt direkt am Neusiedler See.
Bis Ende August.
Kerzenlichtkonzerte in der Fischerkirche von Rust. *Jeden Samstag um
20 Uhr.*
★ ♣ *Jazz-Festival* in Wiesen. Zau-
berhafte Veranstaltung in natur-
naher Umgebung. Dazu werden
Erdbeeren verzehrt. Auskunft:
*Jazz Pub Wiesen, Hauptstr. 140, A-
7203 Wiesen, Tel. 00 43/26 26-
8 16 48-0, 8 17 69-0.*
★ *Schloßspiele:* Theaterfestspiele
in Kobersdorf. Die Programmge-
stalter haben sich auf ein hoch-
karätiges Schauspieltheater mit
Klassikern der Weltliteratur fest-
gelegt. Auskunft: *Schloß Esterházy,
Eisenstadt, Tel. 0 26 82/6 62 10-0.*
Kirtage: Zu Ehren der örtlichen
Kirchenschutzpatrone finden in
vielen Dörfern Volksfeste statt.
Bis Ende Oktober.
✿ *Weinwoche* in Rust. *Ende Juli bis
August.*

August

Gladiolenfest in Neusiedl am See.

★ ☯ *Burgenländische Weinwoche:* das Fest der 1000 Weine in Eisenstadt. *Ende August/September.*

Wallfahrt der Marienpilger nach Loretto. *15. August.*

☯ *Bärenfest* in Winden am Neusiedler See.

⚥ *Wiesen Sun Splash:* heiße Rythmen im Musikzelt: Afro, Latin, Raggae.

Golser Volksfest mit Weinverkostung und Vergnügungspark.

September

★ *Internationale Haydntage* in Eisenstadt, das bedeutendste Musikfestival des Burgenlandes. Auskunft: *Büro der Haydn-Festspiele, Schloß Esterházy, A-7000 Eisenstadt, Tel. 00 43/ 26 82-61 86 60.*

Zahlreiche *Weinfeste* in den Weindörfern des Burgenlandes. *Kroatischer Sonntag* in Loretto, ein Wallfahrtstag. *Am 3. Sonntag.*

Güssinger Begegnung: Vorträge, Diskussionen etc.

Oktober

☯ Zahlreiche *Winzerumzüge* nach der Weinlese in den Weinbaugebieten des Burgenlandes.

Landkirtag: In vielen Gemeinden wird Kirchweih gefeiert. *Am 3. Sonntag.*

November

☯ *Heiligenstriezelwünschen* in Oggau/Neusiedler See – die Kinder bekommen Zopfgebäck aus Briocheteig. *Am 1. November.*

★ *Martini:* Dieses bedeutende Fest begeht man mit einer traditionellen »Weintaufe« (Verkostung und Segnung des neuen Weins) sowie einem Gänseessen zu Ehren des heiligen Martin, des burgenländischen Schutzpatrons. *Am 11. November.*

Dezember

Kittseer Advent, ein Christkindlmarkt auf Schloß Kittsee. *Ab 1. Advent.*

☯ *Johannestag:* Weinweihe. Die Winzer lassen ihren Wein vom Pfarrer segnen. *Am 27. Dezember.*

Bei den Operettenfestspielen auf der Seebühne von Mörbisch

Kultur und Natur im Land der Störche

Im Hauptferiengebiet geht's noch immer ländlich-gemütlich zu

Sommer. Über dem See flimmert die Hitze. Die zitternden Konturen des Landes verschwimmen in der bleiernen Farbe des Wassers. Die Sonne taucht das Land in ein gelbes Licht, aus dem die gekalkten Bauernhäuser wie kleine weiße Inseln ragen. Im Schilfgürtel waten Reiher.

So ungefähr könnte man sich eine kaspische Steppenlandschaft vorstellen, doch wir sind in Mitteleuropa, wenn auch am östlichen Rand: im nördlichen Burgenland. Der Neusiedler See bestimmt die Landschaft, die Kultur, die Menschen, die seit Ur-

Eine Kuriosität in Breitenbrunn: die Bogengasse

zeiten seine Uferränder besiedeln. Er ist ein Steppensee im Herzen Europas, ein einzigartiges Biotop von 320 Quadratkilometern Fläche, rund 36 km lang und 5 bis 15 km breit. Sein leicht salzhaltiges Wasser ist an den meisten Stellen nur bis 1,70 Meter tief. In heißen Sommern kann man den See ganz durchwaten.

Heute weiß man, daß der See nicht, wie zunächst angenommen, der Rest eines Meeres ist. Zwar wurden Versteinerungen im Kalk des Leithagebirges gefunden, Schalen von Muscheln, Schnecken, Fischskelette, Haifischzähne, sogar Seekuhschädel. Und tatsächlich brandete hier vor Millionen von Jahren ein subtropisches Meer, von dem man sogar

---

Hotel- und Restaurantpreise

Hotel
Kategorie 1: über 145 Mark
Kategorie 2: 95–145 Mark
Kategorie 3: unter 95 Mark

Die Preise gelten für zwei Personen pro Nacht im Doppelzimmer. Das Frühstück ist gewöhnlich im Preis enthalten.

Restaurants
Kategorie 1: über 50 Mark
Kategorie 2: 25–50 Mark
Kategorie 3: unter 25 Mark

Die Preise gelten für ein dreigängiges Menü (Vorspeise, Hauptgang, Dessert) ohne Getränke.

einige Mineralwasserlager gefunden hat. Der See aber entstand »erst« vor etwa zehntausend Jahren im Bett eines späteiszeitlichen Donauarmes, nachdem der Fluß seinen derzeitigen Lauf am heutigen Hainburg vorbei genommen hatte.

In der Sommerhitze verdunstet häufig mehr Wasser, als die Niederschläge, die Zuflüsse der Wulka und kleinerer Flüßchen, die Grundwasserversorgung sowie einige Seequellen (an der Ostseite) auszugleichen vermögen. Daher ist der Wasserstand äußerst schwankend und liegt manchmal unter einem Meter. Bei heftigen Stürmen entblößen sich die Ufer, in harten Wintern, die freilich die Ausnahme sind, friert der See stellenweise bis zum Grund zu. Nur im Bereich der Quellen (»Kochquellen«) bleibt er eisfrei.

Der Neusiedler See ist ein Gewässer, das kommt und geht. Einige Male verschwand er ganz von der Bildfläche. Im 13. und 14. Jh. war er so weit ausgetrocknet, daß man ihn nur als »fluvius« (Fluß) bezeichnete. Im 16. Jh. mußten in Wien die Fischmärkte schließen, da kein Nachschub mehr kam – der Neusiedler See war fast völlig verdunstet. 1868 war er zum letzten Mal »verschwunden«. Die Bauern fingen an, den Seeboden zu bestellen, man beschloß seine völlige Entwässerung, um neues Ackerland zu gewinnen. Irgendein kluger Kopf riet aber von dieser Schnapsidee ab, denn der See ist für die Landschaft außerordentlich wichtig: Sein Wärmespeicher bewirkt das milde Klima dieser Region, in der Wein und Edelobst so ungewöhnlich gut gedeihen. 1878 war der See wieder »da«, sogar mit einem Höchstwasserstand von fast 2 Metern. Freilich hatte die zeitweise Austrocknung für Archäologen und Historiker auch ihr Gutes: Das Seebett gab menschliche Siedlungsspuren preis – Steinzeitäxte und Meißel, römische Vasenscherben und anderes. Vermutlich standen hier sogar einmal Pfahlbauten, wo jetzt Urlauberkinder im flachen Wasser planschen.

Exotische Impressionen gewährt uns der See auch dank seinem ungewöhnlich breiten Schilfgürtel, der – bedingt durch die Seichtheit des Gewässers – immer weiter ins offene Wasser wuchert. Schon jetzt ist er zwei bis fünf Kilometer breit. Das Schilf wächst bis zu einer Höhe von fünf Metern, und kräuselt eine Brise das Wasser, so wiegt es sich wie ein grüngelbes Meer.

Der See ist Mittelpunkt eines einzigartigen landschaftlichen Ensembles. Um ihn herum ranken sich Rebenfelder, ein weiterer Gürtel, diesmal ein kultivierter. Wein ist die zweite Komponente des nördlichen Burgenlandes. Die Zeilen der Rebstöcke wachsen die Hänge und Ausläufer des Leithagebirges hinauf, der kraftvollen Sonne hingegeben. So ergibt sich eine einmalige Landschaft, ein seltenes Beispiel geglückten Zusammenspiels von Natur und Mensch.

EISENSTADT

Den Eindruck, Hauptstadt des Burgenlandes zu sein, will Eisenstadt ganz und gar nicht vermitteln. Die ein- bis zweigeschossigen Häuser ducken sich unter dem beherrschenden Esterházy-Schloß. Ein liebliches Barockstädtchen von rund 11 000 Einwohnern am Südhang des Leithagebirges inmitten von Weinbergen ist es, aber die Hauptstadt eines Bundeslandes? Man braucht nicht einmal zwei Stunden, um den Ort zu Fuß zu durchstreifen, doch sogleich fällt auf, über wieviel sehenswerte Architektur diese kleine Stadt verfügt. Und man ahnt, daß Eisenstadt schon ganz andere, mächtigere Zeiten gesehen hat.

Bereits die Kelten und Römer hatten sich in dieser von der Natur bevorzugten Landschaft niedergelassen. Im 9. und 10. Jh. kamen bayerische Siedler. Der Ort findet sich 1118 zum ersten Mal schriftlich erwähnt, im 14. Jh. erhielt er Markt- und Stadtrechte. Im gleichen Zeitraum (um 1370) wurde die Burg gebaut, aus der schließlich das Familienschloß der Esterházy entstand.

Die wechselhafte Geschichte Eisenstadts spiegelt die des Burgenlandes wider. Mal war die Stadt habsburgisch, mal ungarisch, mal türkisch. Mal hieß sie Mortunzzabou, mal Zabemortun, dann wiederum Kismarton und schließlich Eisenstadt. Von Dauer war jedoch stets die Dominanz des ungarischen Fürstengeschlechts der Esterházy, obwohl es den Stadtvätern 1648 gelang, sich durch Zahlung von 16 000 Gulden und 3000 Eimern Weins aus dem Besitz der Fürsten freizukaufen. Eisenstadt wurde königliche Freistadt und blieb bis 1921 bei Ungarn. Der politische, soziale und kulturelle Einfluß der Esterházys währte jedoch fort. Sie machten Eisenstadt im 18. Jh. zu einem Kulturzentrum, mit dem besonders der Name Haydns, der hier von 1761 bis 1790 als Komponist und Hofkapellmeister wirkte, unauflöslich verbunden bleibt.

Nach dem Ersten Weltkrieg kam Eisenstadt wieder zu Österreich. Da Ödenburg, zunächst als Hauptstadt des Burgenlandes vorgesehen, durch eine manipulierte Volksabstimmung aber wieder an Ungarn zurückfiel, wurde Eisenstadt 1925 zum Zentrum »gekürt«. (D 4)

BESICHTIGUNGEN

Altstadt
1857 fielen große Teile des Ortes einer Feuersbrunst zum Opfer. Dabei wurden nahezu alle mittelalterlichen Gebäude zerstört. Dennoch gibt es zu beiden Seiten der Hauptstraße (Fußgängerzone) gut restaurierte Häuser und Toreinfahrten aus dem 16. und 17. Jh. Beachtenswert sind beispielsweise die Häuser Nr. 1 (Fassade und Erker aus dem 18. Jh.), Nr. 5 (Fassadengiebel und Torbogen von 1670), Nr. 8 (im Hof Säulenarkaden aus dem 16. Jh.), Nr. 11 (Fassade aus dem 18. Jh.), Nr. 19 (Erker mit Madonnenskulptur von 1695), Nr. 23 (Portal aus dem 15. und 16. Jh.), Nr. 26 (Hofarkaden aus dem 17. Jh.), Nr. 33 (Halle aus dem 15. Jh.) und Nr. 40 (Hofarkaden aus dem 15. und 16. Jh.).

Weitere alte, restaurierte Gebäude, Höfe und Arkaden finden sich in der Haydngasse und Pfarrgasse. Zu sehen sind auch Reste der alten Wehrmauer mit Basteien in Domnähe und zwei Mautsäulen des alten Südtors zwischen Hauptstraße und Neusiedler Straße.

Barmherzigenkirche
Barockes Gotteshaus aus dem 18. Jh. mit Barockorgel, Hochaltarbild des Sankt Antonius sowie sehenswerte Wand- und Deckenmalereien. Zur Kirche gehört das *Spital der Barmherzigen Brüder*, das 1760 von Fürst Paul Anton Esterházy als Armenstift gegründet wurde. *Ecke Esterházystraße/Wertheimergasse*

Bergkirche
★ Der Sakralbau am Kalvarienbergplatz entstand 1715–1722 als Wallfahrtskirche »Maria Heimsuchung«. Die dazugehörige Gnadenkapelle »Maria Einsiedeln« wird noch heute von zahlreichen Pilgern besucht. Der ausgebaute Teil der Kirche ist lediglich das Presbyterium eines einst geplanten Riesenbaus. Kunstschätze im Innern: sehr schöne Altäre, eine »Haydn-Orgel« und das Deckenfresko »Himmelfahrt Christi«. Unter dem Chor befindet sich die Kirchengruft. Hier wurde 1820 das Eisenstädter Musikgenie beigesetzt, und deswegen wird dieses prächtige Gotteshaus auch Haydnkirche genannt. 1932 stiftete Fürst Paul Esterházy im linken Seitentrakt der Kirche das Haydn-Mausoleum, in das die Gebeine des Komponisten erst 1954 umgebettet wurden.

Neben der Kirche erhebt sich ★ der unbedingt sehenswerte *Kalvarienberg*, der 1701–1707 auf Geheiß der Esterházys gebaut wurde. In Nischen, künstlichen Grotten und Gängen stellen lebensgroße, bemalte Holzfiguren in 24 Stationen das Leiden Christi dar. Zum Kalvarienberg gehört die Gnadenkapelle »Maria Einsiedeln«. Noch heute pil-

Eisenstadt: in der Bergkirche befindet sich das Haydn-Mausoleum

gern zahlreiche Wallfahrer zu der Mariendarstellung aus dem 17. und 18. Jh. 🔷 Die Spitze des Kalvarienberges ziert eine achteckige, von einem Kuppeldach bedeckte Kreuzkapelle mit einem sehr schönen Altar von 1710. Allein der herrliche Rundblick über die Stadt, den Neusiedler See, das Wulkatal und das Rosaliengebirge ist diesen (mühelosen) Aufstieg wert. *Haydn-Mausoleum und Kalvarienberg April–Okt. tgl. 9–12, 14–17 Uhr, Eintritt Erw. ÖS 15,–, Kinder ÖS 5,–*

Domkirche zum heiligen Martin

Die mächtige spätgotische Hallenkirche wurde in der zweiten Hälfte des 15. Jhs. an der Stelle der »Capella Sancti Martini« (erste Erwähnung 1264) gebaut.

Der mächtige, im Querschnitt quadratische Turm besitzt auf dem Dach an jeder Ecke vier weitere Wehrtürmchen mit Schießscharten. Dies deutet darauf hin, daß die Kirche auch als Wehranlage benutzt wurde. Den nördlichen Vorraum ziert ein Ölbergrelief (um 1500). Im Innern der dreischiffigen Kirche: an der Nordwand das ehemalige Hochaltarbild »Die Verklärung des heiligen Martins«, das der Wiener Maler Stefan Dorfmeister 1777 anfertigte, die Monumentalplastik des burgenländischen Landespatrons St. Martin, die – wie auch der neue Hochaltar – 1904 vom Bildhauer Prof. Adlhart geschaffen wurde, die Orgel von 1778 sowie die Kanzel mit Holzreliefs (1745). Der Eingang zur Krypta (1716) liegt rechts neben dem Hochaltar. Hier steht die moderne Bronze-Pietà des Bildhauers Anton Hanak (1875 bis 1934). 1960 wurde die Kirche zum Dom erhoben.

Dem Dom angeschlossen ist ein Herrensitz aus dem 16. Jh., auch *Vicedom* genannt. Hier ist heute das Lokal »Stadtkeller« untergebracht. *Am Domplatz*

Franziskanerkirche

1386 gründete der Erzbischof Johann Kanizsai hier in der späteren Haydngasse (Ecke Albachgasse) zu Ehren des heiligen Johannes eine gotische Minoritenkirche. Sie wurde 1529 von den Türken zerstört, 1629 aber vom Grafen Nikolaus Esterházy nach der siegreichen Schlacht von Lackenbach (1620) im barocken Stil wieder aufgebaut. Der Turm kam erst 1778 hinzu. Sehenswert im Innern: Renaissance-Altäre italienischer Meister, die Kanzel sowie das Chor-gestühl von 1690. Zur Kirche gehört das Franziskanerkloster, in dessen Gartentrakt die Gruft der Esterházys liegt. Sie wurde 1857 zu einer dreischiffigen Säulenkapelle erweitert und birgt unter anderem die Sarkophage von Paul und Josef Esterházy. Paul und seine Frau werden von zwei knienden Figuren neben dem Eingang dargestellt.

Fürstliche Stallungen

Die ehemaligen Stallgebäude der Esterházys dienen heute als Weinlokal. *Esterházy-Platz*

Gloriette

Klassizistisches Jagdschloß der Fürstenfamilie, von 1806. *Am Ende der Glorietteallee*

Haydns Gartenhaus

Hübsches quadratisches Holzhäuschen, mehr eine Laube. Es gehörte zum »Kuchlgartl beim Spital«; den Garten hatte der Komponist 1766 mit seinem Wohnhaus erworben. Hier im Grünen, so sagt die Chronik, habe ihn die Muse besonders fleißig geküßt. *Bürgerspitalgasse/Neusiedlerstr.*

Hyrtl-Denkmal

Das Denkmal des berühmten Eisenstädter Anatoms und Menschenfreundes Josef Hyrtl (1810 bis 1894), der u. a. auch ein Waisenhaus gründete, steht seit 1960 auf dem Hyrtlplatz.

Landhaus

In dem Gebäude von 1929 befindet sich der Sitz der burgenländischen Landesregierung und des Landeshauptmanns (entspricht dem deutschen Ministerpräsidenten). Vor dem Haupteingang steht eine große Urne, eine Gedenkstätte für den Komponisten Josef Haydn. Sie enthält Erde aus allen deutschen Landen. *Am Freiheitsplatz*

Liszt-Denkmal

Das weiße Marmordenkmal am Esterházy-Platz wurde 1936 anläßlich des 125. Geburtstages des burgenländischen Komponisten und Pianisten Franz Liszt aufgestellt. Sein Motiv: Liszt sitzt auf einer Bank – und hat Musik im Sinn.

Pestsäule

1713 wurde die Dreifaltigkeits- oder Pestsäule errichtet. Das Relief des Säulensockels zeigt in der Mitte den heiligen Carolus Borromäus, rechts von ihm den heiligen Antonius, links den heiligen Kajetan. An der Säulenspitze sieht man eine Darstellung der Dreifaltigkeit (Gottvater, Sohn und Heiliger Geist) mit der Krönung Mariens. *Hauptplatz, Mitte der Hauptstr.*

Rathaus

Einst stand hier eine alte Brauerei (1569), die 1650 dem Renaissance-Rathaus weichen mußte. Es wurde später barock umgebaut, mit einer stattlichen, reichverzierten Fassade von 1757. Die Fresken stellen biblische Szenen und Frauenfiguren dar. Letztere sollen die Tugenden guter Stadtväter symbolisieren: Treue, Hoffnung, Mildtätigkeit, Gerechtigkeit, Weisheit, Stärke und Mäßigkeit. Dafür hängt im Ratssaal das Richtschwert. Am rechteckigen Erker sind das Wappen der Freistadt Eisenstadt und eine Sonnenuhr zu sehen. *Hauptstr. 35*

Schloß Esterházy

★ Die bedeutendste Sehenswürdigkeit der Stadt zählt zu den schönsten Barockanlagen Österreichs. Das Schloß wurde von 1663 bis 1672 vom italienischen Baumeister Carlo Martino Carlone an Stelle der alten Kaniszai-Wasserburg von 1371 errichtet. Ende des 18. Jhs. modernisierte der französische Architekt Charles Moreau die Anlage mit klassizistischen Um- und Anbauten.

Auf Esterházy waren bedeutende Persönlichkeiten jener Epoche zu Gast. Häufig besuchten österreichische Monarchen wie Kaiser Leopold I. oder Kaiserin Maria Theresia das Schloß. Aber auch Erzherzog Josef oder der englische Haudegen Admiral Nelson und seine Geliebte Lady Hamilton machten im Jahre 1800 den Esterházys ihre Aufwartung. Beethoven nahm in diesem kunstsinnigen Haus an einem Klavierwettbewerb teil, den er übrigens gegen den Eisenstädter Musiker und Komponisten Joseph Weigl (1766–1846) verlor.

Das Schloß gruppiert sich um einen viereckigen Innenhof. Man erreicht ihn durch eine dorische Säulenhalle. Die Ersterházys residierten in den oberen Stockwerken. Rechts befindet sich der Aufgang zum schönsten Saal des Burgenlandes, dem Haydn-Saal. Hier dirigierte der Meister persönlich viele seiner unzähligen Kompositionen. Der besseren Akustik wegen sollen auf Wunsch des Hofkomponisten der Esterházys Holzsäulen und -decken eingezogen worden sein. Die Deckengemälde des Italieners Tencala aus dem Jahr 1710 stellen die Hochzeit von Eros und Psyche vor der Gemeinschaft der olympischen Götter dar. Die Wandmalereien zeigen Portraits ungarischer Monarchen.

Eine Marmorbüste der Prinzessin Leopoldine von Liechtenstein-Esterházy, 1805 vom italienischen Bildhauer Antonio Canova angefertigt, steht jetzt vor dem Saal. Sie war ursprünglich für den Leopoldinentempel des Schloßparks gedacht.

Weitere Prunksäle sind der Empire-Saal mit Wandmalereien im römischen Stil und zwei Nebenzimmer mit chinesischer Dekoration. Hier finden von Mai bis Oktober Kammerkonzerte statt. Der Blaue Saal, auch Spiegelsaal genannt, ist mit besonders kostbaren Stuckarbeiten verziert. *Mo–Fr 8.30–17 Uhr, Ostern–Sept. auch Sa und So, Juni–Sept. 8.30 bis 18 Uhr. Eintritt: Erw. ÖS 20,–, Kinder ÖS 10,–; oberhalb des Esterházy-Platzes*

Schloßkirche

Links im Schloßhof wurde 1665 das barocke Gotteshaus gebaut. Joseph Haydn spielte hier die meisten seiner Messen. Ludwig van Beethoven führte hier 1807 die C-Dur-Messe auf, die der Fürst zum Namenstag seiner Frau Sarah Villiers bestellt hatte. Besonders sehenswert sind die barocke Inneneinrichtung und der klassizistische Hochaltar von 1825. Im linken Turm hängt eine der größten Glocken Österreichs. Sie wurde 1692 in Wien gegossen, ist 9,8 Tonnen schwer und hat einen Durchmesser von 2,20 Metern.

Schloßpark

Der 50 Hektar große Park, auch Hofgarten genannt, erstreckt sich vom Nordrand des Schlosses bis zur Bergstraße und geht weit die Hügel hinauf. Er wurde 1624 an-

---

Wie Franz Liszt wirklich hieß

Die Ungarn schwören Stein und Bein, daß »Ferenc Liszt« einer der Ihren war. Tatsache ist aber, daß er einer deutschstämmigen Burgenländer Familie entstammte und auch deutschsprachig erzogen wurde. Und er hieß in Wahrheit Franz List. Die Schreibweise mit »z« ist seinem Ruhm in Ungarn sowie seiner Eitelkeit zu verdanken. Da die Magyaren ein »s« wie ein »sch« aussprechen, sich List aber nicht »Lischt« nennen lassen wollte, fügte er seinem Namen noch ein »z« hinzu. So kam es, daß auch die Ungarn ihren späteren Musikakademie-Präsidenten korrekt aussprachen – wie »Lißt«.

gelegt und 1754 im französischen Stil umgepflanzt. 1805 wurde die Orangerie, ein Palmen- und Treibhaus für exotische Pflanzen, gebaut, ein Jahr später der Leopoldinentempel, ein kleiner Säulenpavillon. Zwischenzeitlich ließen die Fürsten die Anlage in einen englischen Garten mit schattigen Alleen und Schwanenteichen umgestalten. Noch heute ist der Schloßpark das größte Freizeit- und Erholungsgelände der Stadt. An seiner Südostseite wurde das Parkbad gebaut, die öffentliche Badeanstalt von Eisenstadt, an der Nordseite das »Linsenstadion«.

MUSEEN, GALERIEN

Burgenländisches Feuerwehrmuseum

Die Geschichte der Feuerwehr. Man kann Fahrzeuge, Spritzen, Helme, Uniformen, Fahnen und Archivalien anschauen. *Mo–Do 9 bis 12 und 13–16 Uhr, Fr 9–12 Uhr, Eintritt Erw. ÖS 10,– Kinder ÖS 5,–; Leithaberstr. 41*

Burgenländisches Landesmuseum

Funde aus der Stein- und Bronzezeit, das Höhlenbärenskelett aus Winden, römische Mosaike, eine Haydn-Orgel, eine Weinausstellung. Eine besondere Abteilung widmet sich der berühmten Eisenstädter Tänzerin Fanny Elßler (1810–1884). Auch ihre Schwester Therese war eine erfolgreiche Ballettkünstlerin. Der Vater arbeitete als Kammerdiener und Reisebegleiter bei Joseph Haydn, der Großvater war ein bekannter Musiker. *Di–So 9 bis 12 und 13–17 Uhr, Eintritt Erw. ÖS 20,– Kinder ÖS 10,–; Museumsgasse 1–5*

Galerie 1900

Ölgemälde, Aquarelle, Plastiken und Skulpturen bekannter Künstler. Behindertengerecht. *Mo 10–12 und 15–18 Uhr, Eintritt frei; Joachimstr. 29*

Haydn-Museum

In diesem Haus wohnte der Komponist von 1766 bis 1778. Heute enthält es Erinnerungsstücke wie Instrumente, Bilder, Notenblätter und Handschriften sowie ein Klavier aus der Haydn-Zeit. *Ostern–Ende Okt. tgl. 9–12 und 13–17 Uhr. Eintritt Erw. ÖS 15,– Kinder ÖS 8,–; Haydngasse 21*

Landesgalerie

Wechselausstellungen zeitgenössischer Künstler. *Di–Fr 10–12, So und Feiertage 13–17 Uhr, Eintritt Erw. ÖS 10,– Kinder ÖS 5,–; im Schloß Esterházy*

Museum Österreichischer Kultur

Ausstellung über die österreichische Geschichte von der Urzeit bis zum Ende des Mittelalters. *April–Okt. Di–So 10–17 Uhr, Eintritt Erw. ÖS 30,– Kinder ÖS 10,–, Haydngasse 1*

Österreichisch-Jüdisches Museum

Im Haus des berühmten Eisenstädter Rabbiners Samson Wertheimer (1658–1724) im ehemals jüdischen Viertel Unterberg ist eine Ausstellung über Wesen und Geschichte des österreichischen Judentums vom Ende des 12. Jhs. bis zur Gegenwart untergebracht. Im Hoftrakt des Barockhauses steht noch die Privatsynagoge des Geistlichen, die wie durch ein Wunder die Zerstörungswut der Nazis heil überstanden hat. Ein Pfosten mit Eisenketten an der Hauswand erinnert an alttestamentarische Zeiten, als während des Sabbats die Straßen rund um den Tempel von Jerusalem abgesperrt waren. Die Sonderausstellung »Der gelbe Stern in Österreich« ist dem Thema der Judenvernichtung gewidmet. Wechselausstellungen in der Synagoge. *20. Mai–26. Okt. Di–So 10 bis 17 Uhr. Eintritt Erw. ÖS 25,–, Kinder ÖS 5,–; Unterbergstr. 6*

RESTAURANTS

G'würzstöckl
Restaurant im Hotel Burgenland. Etwas nüchternes Ambiente, dafür eine gehobene Küche. Spezialitäten: Räucherforellenterrine in Kohlrabi-Tomatenvinaigrette, Krauttascherln mit Weißweingrammeln, Putenmedaillons mit Kukuruzcreme, Gelee vom gelben Muskateller mit Topfen-Nuß-Knöderln. *Schubertplatz 1, Tel. 55 21, So geschl., Kategorie 1–2*

Schloßtaverne
Restaurant mit Weinstube in den ehemaligen fürstlichen Stallungen. Pannonische Küche. Großes burgenländisches Weinsortiment. Gemütliche Atmosphäre. *Esterházy-Platz 5, Tel. 3 10 20, Kategorie 2–3*

Stadtkeller
❖ Normales Wirtshaus mit deftiger Küche und gutem Burgenländer Wein im ehemaligen Herrenhaus am Dom. *Pfarrgasse 40, Tel. 6 22 30, Kategorie 3*

Wirtshaus zum Eder
❖ ⚘ Sehr schönes Restaurant in einem glasüberdachten Innenhof an der Fußgängerzone, burgenländische Küche, Spezialität: Eder

Gulasch (mit Fleisch, Würstchen und Ei). Treffpunkt der Hautevolee von Eisenstadt. *Hauptstr. 25, Tel. 6 26 45, Kategorie 2*

EINKAUFEN

In der Fußgängerzone der Hauptstraße gibt es mehrere Konditoreien, die ausgezeichnetes Gebäck herstellen. Für Wein empfehlen sich besonders die folgenden Adressen:

Klosterkeller der Barmherzigen Brüder
Im ehemaligen Adelsstift lagert in Barrique-Fässern einer der besten Blaufränkisch-Rotweine. Außerdem gute Weißweine der Rebsorten Welschriesling und Chardonnay. *Esterházy-Str. 25, Tel. 6 01 App. 5 02*

Weingut Tinhof
Sorten: Weißburgunder, Muskat-Ottonel, Blaufränkisch (rot). Weinprobe nach Vereinbarung. *Gartengasse 8, Tel. 26 48*

HOTELS

Burgenland
Moderner Hotelbau mit allem Komfort. Schwimmbad, Sauna. 88 Zi. *Schubertplatz 1, Tel. 6 96, Kategorie 1*

Hotel Franz Mayr
Solides, gutbürgerliches Haus in der Stadtmitte, 45 Zi. *Kalvarienplatz 1, Tel. 6 27 51, Kategorie 3*

Ohr
Schöner Gasthof mit gut eingerichteten Zimmern sowie einem burgenländischen Restaurant, 28 Zi. *Rusterstr. 51, Tel. 6 24 60, Kategorie 3*

Parkhotel

Komfortables Haus in der Stadtmitte, 30 Zi. *Haydngasse 38, Tel. 6 43 61, Kategorie 2*

AM ABEND

Haydnkonzerte

Festliche Musikabende auf Schloß Esterházy. *Mai, Juni, Sept. und Okt. jeden Sa 19.30 Uhr. Juli und Aug. jeden Do um 20 Uhr*

La Toya

♀ Bar. *Kalvarienbergplatz 3, Tel. 38 71*

AUSKUNFT

Touristeninformation

Neben dem Rathaus, Hauptstr., A-7000 Eisenstadt, Tel. 0 26 82/25 07, 27 10

ZIELE IN DER UMGEBUNG

Donnerskirchen

Der malerische Weinort (1600 Ew.), 14 km nordöstlich von Eisenstadt an den Hängen des Leithagebirges gelegen, ist besonders hübsch während der Kirschblüte Ende April anzusehen. Auf einer Anhöhe steht die *Pfarrkirche* von 1437, die um das Jahr 1680 barockisiert wurde. ↘Von hier oben hat man einen herrlichen Blick auf die Weinberge und den Neusiedler See mit seinem Schilfgürtel. Dieses Gebiet wurde schon sehr früh besiedelt. An einem Berghang sind noch fünf keltische Hügelgräber zu erkennen.

Die Winzergenossenschaft von Donnerskirchen bietet ein *Weinseminar* mit Proben im Keller eines 500 Jahre alten Esterházy-Gutes an. *Auskunft: Tel. 0 26 83/*

85 12. Wer es nicht ganz so deftig mag, kehrt am besten im *Leisserhof* ein, einem der besten Lokale des Burgenlandes. Man tafelt in einem historischen Gewölbe und genießt vor allem das gute Preis-Leistungsverhältnis. Aus der Karte: Rote-Zwiebel-Suppe, Zander in Weinteig, ausgelöstes Backhendl mit Kartoffel-Radieschen-Salat, warmer Topfenstrudel mit Aprikosenstückchen. Das Weinangebot ist umwerfend, die Obstbrände aus der Umgebung sind es ebenfalls. *Hauptstr. 57, Tel. 0 26 83/86 36, Mo und Di geschl., Kategorie 1* (D 3)

Großhöflein

Bekannter Weinort, 3 km südwestlich von Eisenstadt. Zahlreiche Funde aus der Jungstein- bis Römerzeit weisen auf eine frühe Besiedlung hin. Außerdem wurden ein germanisches Gräberfeld (400 n. Chr.) sowie ein Awaren-Friedhof gefunden. In Großhöflein sprudelt eine Schwefelquelle. Besonders sehenswert sind die ehemalige Esterházy-Residenz *Edelhof,* die als Badehaus diente, das restaurierte historische *Rathaus,* das *Pleiningerhaus* mit der Radegundiskapelle, der *Pranger* von 1714 sowie die katholische *Pfarrkirche* mit gotischen und barocken Bauteilen. Weinkauf beim Weingut *Römerhof* (empfehlenswerter Chardonnay sowie ein sehr schöner roter Cabernet Sauvignon), *Hauptstr. 120, Tel. 0 26 82/51 58, Weinprobe nach Vereinbarung.* (C–D 4)

Loretto

★ Ein beschaulicher Erholungsort am Nordrand des Leithagebirges. Bei Loretto wurden bedeutende Ausgrabungen gemacht: Gräberfelder aus der Bronzezeit (800 v.Chr.), Grabstätten der Illyrer aus der Hallstattzeit, der Kelten sowie römische Siedlungen. Berühmt wurde der Ort jedoch durch seine Marien-Wallfahrten zur prachtvollen barocken *Klosterkirche* (1651–59), die von den Türken verwüstet und 1691–1704 wieder aufgebaut wurde. Das Kircheninnere ist seitlich des Langhauses in Kapellen gegliedert. Rechts steht der »Altar der schmerzhaften Muttergottes« in einer gleichnamigen Kapelle. Im Klosterhof stoßen wir auf die Loretto-Kapelle, Ziel der Pilger an den Wallfahrtstagen (15. August und 3. Sonntag im September, »Kroatischer Sonntag«). Sie birgt hinter einem Gitter die verehrte Marienstatue.

Den Hintergrund bildet die Loretto-Legende vom heiligen Haus von Nazareth:

Im 13. Jh. bedrohten und eroberten die Muselmanen das Heilige Land. Da trugen Engel im Jahr 1295 das Haus der heiligen Familie, in dem Jesus seine Kindheit verbracht hatte, von Nazareth über das Mittelmeer und brachten es in die italienische Stadt Loreto (mit nur einem »t«) vor den Türken in Sicherheit. Um dieses »Haus« wurde später eine Renaissancekirche gebaut, die zu den berühmtesten Wallfahrtsorten der Welt zählt. Der adelige Pilger Rudolf von Stotzingen ließ eine Kopie der Marien-Statue anfertigen und nach seiner Rückkehr aus Italien im Burgenland eine Kapelle für sie errichten. Der Ort wurde nach dem italienischen Original benannt – Loretto. Ironie des Schicksals: Die Kopie mußte tatsächlich einmal vor Türken auf Burg Forchtenstein in Sicherheit gebracht werden. (D 3)

Neufeld

🏊 Bekannt durch den *Neufelder See* (6 km nordwestlich von Eisenstadt), das schönste Badegewässer des Landes, aufgrund seines klaren Wassers auch der »Blaue See« genannt. Er ist 1,8 km lang , 600 m breit und bis zu 35 m tief. Herrlicher Naturstrand, Liegewiesen, Minigolfanlage, Seerestaurant, Campingplatz, Wassersport. Auskunft: *Gemeindeamt Neufeld an der Leitha, Tel. 0 26 24/3 20.* (C3–4)

St. Georgen

Hübsches Weindorf unmittelbar östlich der Landeshauptstadt, auch »Grinzing von Eisenstadt«, geheißen. Einige gemütliche Buschenschenken. Besondere Sehenswürdigkeit: der römische *Attilastein.* Weinkauf: *Wein- und Sektkellerei Hans Moser.* Interessanter Rotwein: »Hans Mosers Reserve 91«, ein Cuvée aus Gamay, Merlot, Zweigelt und Blaufränkisch. *St. Georgener Hauptstr. 13, Tel. 0 26 82/6 66 07.* (D 4)

Schützen

Ein schmales Weindorf (1300 Ew.) mit den typischen kleinen Bauernhäusern, die aneinandergebaut sind. Mittelpunkt des Ortes ist eine einfache *Barockkirche* mit einer sehenswerten Madonnenfigur (1716) an der Westseite.

Abends wird Schützen häufig von größeren Limousinen mit auswärtigem Kennzeichen heimgesucht; sogar Wiener scheuen nicht den Weg in die unscheinbare Gemeinde, denn in einem

Innenhof an der Hauptstraße hat sich das beste Restaurant des Burgenlandes etabliert, für Feinschmecker ein Juwel: der ★ *Taubenkobel*. Das Ehepaar Eveline und Walter Eselböck verwöhnt seine Gäste im vorderen Bereich des Lokals in einer bäuerlichen Puppenstube, im hinteren in einem Wintergarten. Die Verbindung von beidem verrät sicheren Geschmack.

Als Apéritif sei der Mostbirnensekt des Hauses empfohlen. Dabei läßt sich in aller Ruhe die Karte studieren. Die klare rote Rübensuppe, dann den gebratenen Wels mit Ingwerkarotten? Oder den Ruster Schafskäse mit Vogerl-Chinakohl-Salat und Fenchel, sodann das Neusiedler Fischg'röstl mit Bries, Kraut und Pilzen? Die Nudeln mit Kernöl, das Rindsfilet mit Specklinsen, Ganslebersauce und Jungzwiebeln? Danach der Rahmschmarrn mit eingelegtem Weinbergpfirsich oder die Beerensuppe mit drei Sorbets? Die Qual der Wahl setzt sich fort bei der Weinkarte, die ebenfalls als beste des Burgenlandes gilt. Sommelier Hermann Botolen wird gerne behilflich sein. Natürlich ist das Preisniveau entsprechend hoch. *Hauptstr. 33, Tel. 0 26 84/ 22 97, Mo und Di geschl., Kategorie 1.* (D 3–4)

Siegendorf

Eine der größten kroatischen Gemeinden des Burgenlandes (2400 Ew.), idyllisch in der Wulka-Ebene 8 km südlich von Eisenstadt gelegen. An den Festtagen tragen die Bürger noch größtenteils ihre malerischen Trachten. Dazu spielt die wohl beste Tamburizza-Kapelle auf.

Gute Buschenschenken. Einen Besuch lohnt auch das *Kastell* in der Ortsmitte, ein Adelssitz aus dem 16. Jh., mit einem berühmten Weinkeller. Es berherbergt heute das Zuckermuseum. *Mai bis Sept. Sa, So, feiertags 10–12 Uhr, Eintritt: Erw. ÖS 20,–, Kinder ÖS 10,–; Rathausplatz 2.* Sehenswert auch die barocke *Pfarrkirche* zu Allerheiligen (1659) mit einem prächtigen Hochaltar von 1725.

1970 fanden Archäologen im Schuschenwald bei Siegendorf vier *Hügelgräber* aus der Bronzezeit um 1200 v. Chr. Eines war besonders reich ausgestattet mit Schmuck, Tongefäßen mit Nahrung (für das Jenseits), Lanze, Schwert und Dolch – offenbar die Ruhestätte eines angesehenen Kriegers oder Häuptlings. Die Gräber bilden heute das *Freilichtmuseum »Bronzezeitliche Hügelgräber«*. Die Funde sind im Landesmuseum von Eisenstadt zu sehen.

Am Ortsrand von Siegendorf beginnt der Wanderweg durch das *Naturschutzgebiet »Siegendorfer Pußta«*. Tip für die Familie: das große Freibad mit Sprungturm, Rutsche, Kinderplanschbecken und Kinderspielplatz. (D 4)

Steinbrunn

Kroatisches Dorf ca. 8 km westlich von Eisenstadt mit reichen archäologischen Funden. Teile der römischen Kanalisation sollen immer noch funktionieren. Empfehlenswert ist vor allem der Besuch des Naturdenkmals *Sandgrube Steinbrunn* (Schild an der Straße zwischen Müllendorf und Neufeld). Hier liegen 10 Millionen Jahre alte Gesteinssedimente offen an der Oberfläche. Sie vermitteln ein anschauliches Bild, wie die Alpen entstanden sind. In

Steinbrunn wurde früher im Tagebau Braunkohle abgebaut. ☃ In der Grube hat sich ein beliebter, sauberer Badesee gebildet. (C 4)

MATTERSBURG

Mit etwa 5400 Ew. ist Mattersburg die drittgrößte Stadt des Burgenlandes. Sogar ein 14stökkiges Hochhaus ver(un)ziert das Panorama. Es ist gottlob die einzige verhunzende Sturzflucht ins »Städtische«; die restlichen Häuser sind hübsch provinziell geblieben, die blumengeschmückten Straßen, kleinen Kneipen und stillen Parkanlagen ebenso. Der dörfliche Charakter hat sich im großen und ganzen bewahrt. In der Tat hieß der Ort bis in die zwanziger Jahre dieses Jahrhunderts Mattersdorf. 1924 sollte die Gemeinde Landeshauptstadt werden, und weil ihr Name zu dörflich klang und ein »Mattersstadt« zu hölzern, nannte sich der Ort flugs Mattersburg. Es hat freilich nichts genützt: 1925 wurde Eisenstadt Sitz der Landesregierung.

Römische Funde weisen darauf hin, daß dieses Gebiet bereits im 2. Jh. besiedelt wurde. 800 Jahre später ließen sich bayerische Einwanderer nieder, und 1202 wurde der Ort als »Villa martini« erstmals schriftlich erwähnt. Die Grafen von Mattersdorf, ein aus Spanien eingewandertes Geschlecht, befestigten den Marktflecken. Allerdings hinterließen sie kaum Spuren. Dann kamen die Esterházys und herrschten vom 17. Jh. bis 1848 über die Gemeinde. Heute ist Mattersburg an der Wulka ein kleines Geschäfts- und Einkaufszentrum für die umliegenden Dörfer, bescheidener Industrie-Standort (Obst- und Gemüsekonservenproduktion) sowie eine Art Ausflugszentrale für Touristen (günstige Bahnverbindungen), die von hier aus bequem sowohl den Neusiedler See als auch das südliche Burgenland erreichen. Die Stadt selbst ist besonders im Frühjahr ein lohnendes Ziel, wenn Haus- und Obstgärten unter einem Blütenschleier liegen. (C 4)

BESICHTIGUNGEN

Bergerkapelle
Sakralbau aus dem 19. Jh., ein neugotischer Ziegelbau mit achteckigen Strebepfeilern an den Ecken und pyramidenförmigen Türmchen. Das Gotteshaus wurde als Grabkapelle für den ruhmreichen österreichischen Generalfeldzeugmeister Johann Nepomuk Berger, Freiherr von der Pleisse (1768–1864), errichtet. Berger war der Sohn eines einfachen Mattersdorfer Bauern. *Johann-Nepomuk-Berger-Str.*

Eisenbahnviadukt
Seit 1845 überspannt diese 250 m lange Brücke mit 20 Bögen das Wulkatal.

Halterkreuz
Dieses gotische Kreuz, eine Lichtsäule aus dem Jahr 1442, steht im Stadtpark von Mattersburg.

Jüdischer Friedhof
Mattersdorf hatte eine große jüdische Gemeinde, im 19. Jh. war ein Drittel der Bevölkerung mosaischen Glaubens. Die hebräische Hochschule des Ortes war

weithin bekannt. Der jüdische Friedhof in der Johann-Nepomuk-Berger-Straße erinnert mit Schauwänden an diese Zeit.

Pestsäule

Die Säule mit Darstellungen der Heiligen Dreifaltigkeit wurde im Jahr 1714 auf dem Hauptplatz errichtet.

Pfarrkirche St. Martin

Das gotische Gebäude wurde 1344 als Wehrkirche auf einem Hügel über dem Ort erbaut. Auch während der Türkenkriege verschanzten sich hier die Verteidiger. Davon zeugt noch die zwei Meter hohe Wehrmauer mit Schießscharten, die die Kirche umgibt. Wehrgang und Wehrgraben sind nicht mehr erhalten. Das Gotteshaus selbst wurde im Laufe der Jahrhunderte mehrere Male umgebaut und barockisiert. Der mächtige Nordturm stammt nur in den unteren Geschossen aus dem Mittelalter. Marien- und Annasäule vor der Kirche wurden im 17. Jh. errichtet, die kleine seitlich angebaute Kuppelkapelle im 18. Jh. Die Pfarrkirche birgt einen sehr schönen Marienaltar (1736, im linken Seitenschiff) sowie eine hölzerne Kanzel mit vergoldeten Apostelfiguren (18. Jh.).

MUSEUM

Stadtmuseum

Interessante Ausstellung zur Geschichte Mattersburgs. Sehr schöne Trachtensammlung sowie eine Dokumentation bäuerlichen Lebens mit Rauchküche, Wohn- und Schlafzimmer. *Mitte April bis Mitte Okt. So und feiertags 10–12 und 14–16 Uhr. Im Alten Rathaus, Hauptplatz 14*

RESTAURANTS

Heidenwolf

Griechisches Restaurant mit erstklassigen Gemüsegerichten. Im Café nebenan, einem Treffpunkt der Naschkatzen, serviert Franz Heidenwolf, von Stammgästen liebevoll »Hippa« gerufen, feines Gebäck – alles aus eigener Konditorei. *Di geschl., Michael-Koch-Str. 15, Tel. 6 23 14, Kategorie 2–3*

Martini-Schenke

Heurigenlokal mit eigenen Weinen und kräftiger Hausmannskost. *Mo geschl., Wedekindgasse 4, Tel. 6 31 35, Kategorie 3*

Rathausstüberl

Sehr schönes kleines Gartenlokal. Ausgezeichnete und preiswerte Mittagsmenüs. *So geschl., Gustav-Degen-Gasse 1, Tel. 6 25 73, Kategorie 2–3*

HOTELS

Florianhof

Familienhotel in der Nähe des Stadtzentrums, Etagenbad, Sauna, Solarium. Gutbürgerliches Restaurant mit Hausmannskost und auf Wunsch Diätküche. 36 Zi. *Wiener Str. 1, Tel. 6 21 06-0, Kategorie 2–3*

Gasthof Hotel Post

Direkt im Zentrum von Mattersburg, gutes Lokal mit pannonischer Küche. 6 Zi. *Hauptplatz 3, Tel. 6 23 11, Kategorie 3*

FREIZEIT

Modernes Schwimmbad mit drei Becken, Rutschbahn und Kinderspielplatz. Speedwaybahn, Tennisplätze, Schießstand. 4 km vor der Stadt lockt der Badestausee zum Angeln und Schwimmen.

Gemeindeamt Mattersburg
Brunnenplatz 4, A-7210 Mattersburg, Tel. 0 26 26/6 23 32

ZIELE IN DER UMGEBUNG

Bad Sauerbrunn

Gepflegt-beschaulicher Kurort für Magen-, Darm-, Blasen- und Nierenleiden. Die Heilquelle wurde schon von den Römern benutzt. In den nahen Wäldern des Rosaliengebirges wurden Spuren von römischen Meierhöfen gefunden. Sauerbrunn hat einen gepflegten *Kurpark* mit Musikpavillon (Kurkonzerte), ein *Freizeitgelände* mit modernem Schwimmbad, Sauna und Tennisplätzen, ferner zahlreiche, erholsame *Wanderwege* und einen beliebten *Waldsportpfad*. Im Ort wird der »Säuerling« abgefüllt, ein leicht säuerlich schmeckendes, erfrischendes Mineralwasser mit einem natürlichen Kohlensäuregehalt von 2,2 g/l. Zwei Restaurant-Tips: Das *Schlemmerbeisl* mit Hausspezialitäten wie gefülltem Schnitzel und Sauerbrunner Apfelstrudel *(Hauptplatz 7, Tel. 0 26 25/22 82, Kategorie 2)* und der *Keltenhof,* eine urige Stallschenke mit deftiger pannonischer Kost *(Pußta 304, Tel. 0 26 25/22 71, Kategorie 2–3).* (C 4)

Draßburg

Kroatisches Dorf, dessen Gebiet schon in der Steinzeit besiedelt war. Hier fand man Wohngruben, die berühmte 5000 Jahre alte Reliefplastik der »Venus von Draßburg« und andere Gegen-

stände aus Stein- und Bronzezeit. Sehenswürdigkeiten der »jüngeren« Geschichte: das hufeisenförmige *Schloß,* das Graf Nádasdy im 17. Jh. bauen ließ. Die Anlage umschließt einen turmartigen Wehrbau, der noch aus romanischer Zeit stammt. Die *Dorfpfarrkirche* (mit gotischem Turm) ist von einer Wehrmauer umgeben. (C–D 4)

Forchtenstein

★ Die Burg gilt als ein Wahrzeichen des Burgenlandes und zählt zu den bedeutendsten und besterhaltenen Festungsanlagen Österreichs. Majestätisch erhebt sie sich über dem Tal der Wulka auf einer Berghöhe. Schon von weitem sieht man ihre typischen Konturen. Die Grafen von Mattersdorf hatten sie Anfang des 14. Jhs. erbaut. 1343 wird in einer Urkunde ein »Purgraf von Forchtenstein« erwähnt. Es wird jener Graf Paul gewesen sein, unter dem die Mattersdorfer ihre größte Bedeutung erlangten. Die Grafen hatten ihren ursprünglichen Stammsitz zunächst auf dem gegenüberliegenden Hausberg errichtet, ihn aber bei einer blutigen Fehde mit den Güssinger Grafen verloren und sich dann auf dem Forchtenstein niedergelassen. Wilhelm, der letzte Mattersdofer Graf, verpfändete die Burg an die Habsburger, die sie 1447 kauften. Es folgten wechselnde Besitzverhältnisse, schließlich kam die Grafschaft Forchtenstein 1622 in den Fundus der nimmersatten Grafen Esterházy. Sie bauten die Burg um und verstärkten die Wehranlagen. Forchtenstein galt als uneinnehmbar. Auch die Türken konnten die Anlage nie erobern.

Das Wahrzeichen des Burgenlandes: Burg Forchtenstein

Bis zur Fertigstellung des Schlosses in Eisenstadt blieb die Burg die Residenz der Esterházys. Seit dem Wiener Kongreß 1815 dient der Bau als Museum.

Nahezu alles ist hier gut erhalten: der Bergfried (14. Jh.) mit seinen 5 bis 7 Meter starken Mauern und dem Wappen der Grafen Mattersdorf-Forchtenstein über dem Eingang, das schöne Portal mit den Figuren der Madonna sowie der Könige Ladislaus, Emmerich, Stephan und Wenzel, ebenso der Vorhof mit Barockbrunnen. Der Burgbrunnen ist 142 Meter tief. Türkische Kriegsgefangene mußten ihn in den Kalkfelsen hauen. Es dauerte 30 Jahre! Mit einem Tretrad von 6 Metern Durchmesser zogen die Unglücklichen das Wasser nach oben. Im Innenhof, der vom dreigeschossigen Wohntrakt begrenzt wird, steht das Reiterstandbild von Fürst Paul Esterházy, der an der Befreiungsschlacht gegen die Türken vor Wien teilnahm und auch bei der Befreiung von Ofen mitkämpfte. ⚜ Der Blick von oben ist allein schon das Eintrittsgeld wert: Man schaut, gutes Wetter vorausgesetzt, auf die Alpen im Westen und auf den Neusiedler See und die Ungarische Tiefebene im Osten. Die Burgräume bergen eine der größten historischen Sammlungen Österreichs: Waffen, Rüstungen, eine riesige Sammlung an Fahnen, das Kriegszelt eines türkischen Feldherrn, Beutestücke aus den Preußen- und Franzosenkriegen, Kutschen, Folterwerkzeug, Jagdwaffen, Wappen, Gemälde. Sogar das Richtschwert des Ödenburgers Veit Ruperth Schultis wird gezeigt. Er soll damit 175 Menschen hingerichtet haben. *April bis Okt. tgl. 8–11.30 und 13–16 Uhr, Eintritt: Erw. ÖS 35,–, Kinder 17,–*

Zur Erholung von der interessanten Strapaze des Burg-Rundgangs empfiehlt sich ein Bad im Stausee vor der Festung. Erfrischungen pannonischer Art bietet das *Burgstüberl (Kategorie 3)*. Den Blick von der Terrasse gibt's kostenlos. Im Ort Forchtenstein sei die *Kukuruz-Bar* mit ihren Spezialitäten wie Blunzenstrudl (Blutwurststrudel) und Gemüsetorte empfohlen; *Hauptstr. 46, Tel. 0 26 26/6 31 28, Mo geschl., Kategorie 3.* Genuß ohne Reue verspricht ein Besuch im Restaurant *Reisner,* einem gemütlichen Landgasthof, der sowohl als Dorfwirtshaus mit Gulasch, Schnitzel und Schweinebraten gelten kann wie auch als Feinschmeckertempel mit Bohnenschotensuppe, Kaninchenschlägel auf Linsen, Wildreisdatschi (Reispfannkuchen) und Nußvollkorn-Palatschinken in lauwarmem Früchterisotto. Ebenso verhält es sich mit dem Weinangebot: Man kann zechen, aber auch still genießen – das Sortiment ist reichhaltig und qualitätsvoll. *Hauptstr. 141, Tel. 0 26 26/6 31 39, Mi geschl., Kategorie 1–2.* (C 5)

Marz

Der kleine Ort (1900 Ew.) liegt in unmittelbarer Nachbarschaft südöstlich von Mattersburg und besitzt eine sehenswerte *Kirche* aus dem 11. Jh., die allerdings im Laufe der Zeit mehrfach zerstört und wieder aufgebaut wurde. Über dem Südportal blieb ein gotisches Fresko aus dem 14. Jh. erhalten. Eine Wehrmauer schützte das Gotteshaus vor Eindringlingen. Aus Marz stammen zahlreiche prähistorische Funde aus der Jungsteinzeit (ab ca. 10 000 v. Chr.) bis zur älteren Eisenzeit (ca. 1000 v. Chr.): Steinäxte, Gefäße, Urnen und anderes. Die Gegenstände sind im Naturhistorischen Museum von Wien ausgestellt.

Man stärkt sich im *Gasthof Müllner* mit burgenländischer Jause (Brotzeit) oder bei einem vorzüglichen Mittagessen. *Hauptstr. 101, Tel. 0 26 26/6 39 67, Do geschl. Kategorie 3.* (C 4)

Pöttelsdorf

Inmitten von Obst- und Weingärten 5 km nordöstlich von Mattersburg im Wulkatal gelegen, gilt Pöttelsdorf als schönstes Dorf des Burgenlandes und als eines der Anbauzentren der Rotweinrebe Blaufränkisch. Hier wird der berühmte »Pöttelsdorfer Bismarckwein« erzeugt. Genießen kann man ihn im Gasthaus *Zum Bismarck.* Familie Schuber serviert dort Puten-Spezialitäten. *Haupt-*

Bismarck und der Bismarckwein

Der deutsche Reichskanzler von Bismarck war bekanntlich kein Kostverächter. Rein zufällig trank er einmal den roten Blaufränkisch aus Pöttelsdorf im Burgenland. Er war begeistert. Es wird bei diesem ersten Mal ein wenig mehr gewesen sein, denn Bismarcks Begeisterung hielt auch noch am nächsten Morgen an, als er ohne Kopfschmerzen erwachte. Ein Mann hatte endlich, nach langen Jahren mühevollen Suchens, *seinen* Wein gefunden. Der Pöttelsdorfer wurde der Lieblingstropfen des Eisernen Kanzlers. Seither heißt er Bismarckwein.

str. 69, Tel. 0 26 26/52 06, Di geschl., Kategorie 2–3. Zum Ausdünsten am nächsten Tag kann eine Wanderung durch die Weingärten und Wälder in das *Naturschutzgebiet* des Marzer Kogels dienen. (C 4)

Pöttsching

Eine der alten Gemeinden des Burgenlandes, etwa 10 km nordwestlich von Mattersburg gelegen. Der Name kommt von »Petschenegen«, dem Namen eines wilden, turkstämmigen Nomadenvolks aus den Steppen nördlich des Kaspischen Meeres, das hier zur Grenzsicherung angesiedelt wurde, seit dem 13. Jh. jedoch nicht mehr nachweisbar ist. Pöttschings erste urkundliche Erwähnung war 1067. Es gibt Wein- und Obstanbau und eine schöne *Barockkirche* von 1722, deren Innenraum leider 1967 modernisiert wurde. Die Urlauberattraktion ist der *Pöttschinger See.* Der *Reisinger,* ein Gourmet-Treff, ist ein gemütliches Restaurant zum Wohlfühlen. Aus der Karte: Krautwickel von der Forelle, Lammcarré mit Polenta und Thymianmus, frische Erdbeeren mit Joghurt. Es gibt zwei Weinkarten: Burgenland und der Rest der Welt inklusive Libanon; *Hauptstr. 83, Tel. 0 26 31/22 12, Mo und Di geschl., Kategorie 2.* (C 4)

Wiesen

Zwei Dinge haben den Ort, 5 km westlich von Mattersburg, über die Landesgrenzen hinaus bekanntgemacht: die großen Anaserdbeeren und das Internationale Jazz-Festival. Beide lohnen einen Besuch, ebenso der Gasthof *Ramhofer-Klawatsch.* Der Wirt ist passionierter Jäger und bereitet seine Beute gourmetgerecht zu; daneben wird ausgezeichnete Hausmannskost serviert. *Hauptstr. 49, Tel. 0 26 26/8 16 72, Di geschl., Kategorie 2.* Tip für den Abend: ⚐ *Jazz-Pub Wiesen* mit Jazz vom Feinsten, *Hauptstr. 140, Tel. 8 16 48.* (C 4)

NEUSIEDL AM SEE

Beliebter Urlaubsort (5200 Ew.) an der Nordspitze des Neusiedler Sees. So ist es leider im Sommer auch entsprechend voll. Abgesehen von der Stadtmitte hat Neusiedl nicht sehr viel an Sehenswürdigkeiten zu bieten. Dafür ist sein Freizeitwert um so höher. Während der Weinlese wird Neusiedl auch gern zur Traubenkur besucht.

Zur Geschichte: Ausgrabungen weisen auf eine Besiedlung bereits in der Jungsteinzeit und Bronzezeit hin. 1084 schenkte der deutsche Kaiser Heinrich IV. die Siedlung dem bayerischen Stift Freising: Die ersten Bayern wanderten ein. Dann kamen die Ungarn, und 1209 hieß der Ort Villa Sumbotheil (Samstagsmarkt). Die Mongolen fielen ein und brannten alles nieder, 1282 folgte dann die deutsche Neubesiedlung unter dem Namen Niusidel. Der Ort ging zunächst in habsburgischen, dann in ungarischen Besitz über und diente im 14. Jh. als Witwensitz von Königin Agnes, der Frau des Ungarnkönigs Andreas III. Seit 1926 ist Neusiedl Stadt. (E 3)

BESICHTIGUNGEN

Attilabrunnen

Historischer Brunnen neben der Pfarrkirche.

Bietet im Winter reichlich Auslauf: der Neusiedler See

wie ein Hochaltarbild von 1734, das die Muttergottes mit den beiden Kirchenheiligen zeigt. Die Fresken »Mariä Himmelfahrt« sind modern (1951).

Tabor-Ruine

Bei den Turmresten auf einer Anhöhe über der Stadt – der Weg beginnt beim Friedhof hinter der Kirche – handelt es sich wahrscheinlich um die Ruine einer Königsburg aus dem 12. Jh. Vermutlich war sie auch der Witwensitz der ungarischen Königinnen Agnes (1296) und Maria (1390). Der Wehrturm hat eine Mauerstärke von 3 Metern.

Hauptplatz

Mit der Dreifaltigkeitssäule von 1713 und der Florianisäule von 1745 (vor der Apotheke) ist er der Mittelpunkt des Städtchens.

Kalvarienberg

14 Kreuzwegstationen am Ostrand der Stadt. Sie wurden 1871 errichtet. Die Kreuzgruppe mit der Pietà stammt von 1753. *Kalvarienberggasse*

Pestsäule

Wuchtige gotische Säule in der Kellergasse Richtung Hauptplatz. Sie wurde 1696 aufgestellt und 1953 restauriert.

Pfarrkirche St. Nikolaus und St. Gallus

1460–64 an der Stelle einer älteren Kirche im gotischen Stil erbaut. Während der Türken- und Kuruzzenkriege mehrfach zerstört. 1737 erhielt das Gotteshaus sein heutiges Aussehen. Im Innern die »Fischerkanzel« mit einer Darstellung der Seepredigt (1780), eine Orgel von 1775 so-

MUSEEN

Pannonisches Heimatmuseum

Interessante Sammlung alter Trachten, handwerklicher Geräte und Werkzeuge. Eine besondere Rarität ist der geflochtene Kinderwagen slowakischer Saisonarbeiter, mit dem man die Kleinkinder mit aufs Feld nahm. Die rund 5000 Exponate hat der Privatmann Karl Eidler liebevoll gesammelt. *Mai–Okt. Di–Sa 14.30 bis 18.30 Uhr, So und feiertags 10–12 und 14.30–18.30 Uhr, Eintritt: freie Spende; Kalvarienbergstr. 40*

Seemuseum

Einzigartige Ausstellung über die Tierwelt des Neusiedler Sees. Behindertengerecht. *Ostern–Okt. tgl. 9–12, 13–17 Uhr, Eintritt Erw. ÖS 10,–, Kinder ÖS 5,–; am Seebad Neusiedl*

Werkstubengalerie »in der Gerbergruben«

Ausstellung moderner zeitgenössischer Kunst. *Tgl. 17–21 Uhr, Eintritt frei; Hauptplatz 50*

RESTAURANTS

Gasthof Michael Steiner
Wirtshaus mit burgenländischer Küche. Fremdenzimmer. *Mo geschl.; Wiener Str. 6, Tel. 27 33, Kategorie 2–3*

Haydnbräu
Schöner Hofgarten. Gehobene Karte, z.B. gebratene Gänseleber auf Frühlingssalaten und Schwammerlvinaigrette oder Karpfen in Bierteig. *Mo geschl.; Franz-Liszt-Gasse 37, Tel. 26 25, Kategorie 2*

Rathausstüberl
Gasthaus mit gutbürgerlicher Küche. Fremdenzimmer. *Kirchengasse 2, Tel. 28 83, Kategorie 2*

Zur Traube
Pannonische Gerichte, Fleisch und Fisch. *Hauptplatz 9, Tel. 24 23, Kategorie 2–3*

HOTELS

Neusiedl verfügt neben den Hotels über zahlreiche Privatunterkünfte und Ferienwohnungen.

Hotel Leiner
Komfortables Haus am See, 12 Zi. *Seestraße 15, Tel. 24 89, 23 91, Kategorie 2*

Hotel Wende
Erstes Haus am Platz, sehr schöne Seelage, Schwimmbad, Liegewiese, Tennisplätze, Sauna, Solarium, Kinderbetreuung, 107 Zi. *Seestr. 40–42, Tel. 81 11, Kategorie 1*

Neusiedler Csarda
Kleines, gemütliches Hotel mit Restaurant, ferner Reitunterricht, Sandbahnreiten, Kutschfahrten.
8 Zi. *Obere Wiesen 1, Tel. 86 59, Kategorie 3*

Sporthotel Tittler
Unterkunft am See mit Sauna und Solarium, 10 Zi. *Seegärten 115, Tel. 88 66, Kategorie 2–3*

FREIZEIT UND SPORT

Sportzentrum
Hallenbad und Leichtathletikstadion.

Strandbad
Gepflegte Liegewiese und Kinderspielplätze (Hundeverbot!). Ruderboote, Tretboote, Elektroboote. Motorbootrundfahrten.

Yachtschule
Segelkurse, Wasserskischule und Surfunterricht.

AM ABEND

Focus
⚡ Bar und Disko, *Seestr. 15, Tel. 24 89*

Lady O.
⚡ Bar, *Hauptstr. 125*

AUSKUNFT

Fremdenverkehrsbüro
Gäste-Information. *Rathaus, Hauptplatz 1, A-7100 Neusiedl am See, Tel. 0 21 67/22 29*

ZIELE IN DER UMGEBUNG

Jois
Hübsches Weindorf westlich von Neusiedl, besonders schön während der Kirschblüte. Die Joiser Kirschen werden im ganzen Land gerühmt. Der Ort besitzt eine barocke *Pfarrkirche* von 1757

mit schönen Altären und Barock-figuren. Sehenswerte Marienstatue mit Lichtsäule.

Jois ist ideal für einige erholsame Tage. Gepflegte Wanderwege führen zum *Busch-* und *Hackelsberg.* Dort oben wächst ein naturgeschützter Flaumeichenwald mit seltener Flora. Im Schilfgürtel am See nisten Löffler und Reiher. Auch in Jois wurden Gräber aus früher Bronzezeit sowie ein Haus aus der Hallstattzeit gefunden. Besuchen Sie das *Ortskundliche Museum* mit archäologischen Funden, historischem Ackergerät (Holzpflug), Werkzeugen der Schilfschneider und anderem. *Untere Hauptstr. 23, Besuchszeit nach Voranmeldung bei Karl Haider (Tel. 0 21 60/71 21) oder der Gemeindeverwaltung (Tel. 3 10).* Zahlreiche Privatquartiere und Fremdenzimmer. *Informationen bei der Gemeindeverwaltung.* (E 3)

Kittsee

Nördlichste Gemeinde des Burgenlandes, Grenzort zur Slowakei; auf der anderen Donauseite liegt Bratislava (Preßburg). Kittsee ist umgeben vom größten Aprikosen-(»Marillen«-)Anbaugebiet Österreichs mit rund 70 000 Bäumen.

Der Ort hat eine bewegte Geschichte. Auf dem Gebiet des Ortsteils Edelstal entdeckte man zahlreiche Gräber mit Grabbeigaben aus der Zeit der Völkerwanderung (um 400 n. Chr.): Hier kämpften Römer mit germanischen Markomannen und Quaden, hier vernichteten die Ungarn 907 ein bayerisches Heer, hier sammelte Kaiser Friedrich »Barbarossa« 1198 sein Heer zum Kreuzzug durch Ungarn ins Heilige Land. Schließlich

wurden hier 1271 die Ungarn von König Ottokar geschlagen. Ebensooft wechselten die Herren: Kittsee war mal ungarisch, mal österreichisch.

In der Ortsmitte stand früher eine mächtige Wasserburg aus dem 12. Jh. Auf ihren Resten ließ Fürst Paul Esterházy um 1740 das prächtige ★ *Barockschloß Batthyány* mit einer herrlichen Freitreppe errichten. Im Schloß ist heute eine ausgezeichnete Ausstellung zur Volkskunde Ost- und Südosteuropas untergebracht – das Ethnographische Museum, eine vielfältige Sammlung, die ihresgleichen sucht. *Tgl. 10–17 (im Winter bis 16 Uhr), Eintritt: Erw. ÖS 25,–, Kinder ÖS 15,–.* Konzerte, Lesungen und wechselnde Kunstausstellungen machen Schloß Batthyány zu einem lebendigen Kulturzentrum. *Auskunft: Tel. 0 21 43/23 04.* Im nahegelegenen Petronell (Carnuntum) sind Ausgrabungen aus der Römerzeit zu sehen. (F 2)

Neudorf bei Parndorf

Kroatische Gemeinde mit einer romanischen Pfarrkirche, die im 17. Jh. frühbarock umgestaltet wurde. (E 2)

Parndorf

Größeres Dorf (2300 Ew.) am Westrand der Parndorfer Heide. Interessante Pfarrkirche: Auf römischen Mauerresten wurde im 12. Jh. ein romanisches Gotteshaus gebaut, auf dem die heutige Kirche steht. In Parndorf wird eine Storch- und Vogelpflegestation unterhalten. Man kann Störche, Reiher und Greifvögel aus der Nähe beobachten. *Informationen bei Elfriede Kernstock, Am Bahnhof 5, Tel. 0 21 66/2 15 13.* (E 2/3)

Potzneusiedl

Hier werden Champignons in großem Stil gezüchtet. Die barocke *Pfarrkirche St. Markus* enthält auch noch gotische Stilelemente. Im klassizistischen *Schloß* (19.Jh.) mit sehr schönem Park ist ein Ikonen-Museum untergebracht, dessen wertvolle Sammlung eindrucksvoll die Kunstgeschichte und Philosophie der Ikonenmalerei dokumentiert – ein faszinierender Bogen vom oströmischen Byzanz bis zur Moskauer Schule des 19.Jhs. *Tgl. 10–17 Uhr, Eintritt frei.* (E 2)

PURBACH

★ Eines der Juwelen am Neusiedler See, eine malerische Weingemeinde (2300 Ew.), umgeben von Obsthainen und Weinbergen. Selbst der mittelalterliche Kern ist teilweise noch erhalten. Einige gotische Häuser gründen sogar noch auf römischen Fundamenten. Der Name kommt vermutlich von »Burgpach«, denn bereits 1270 (erste urkundliche Erwähnung) soll hier eine Burg gestanden haben, die 1273 vom böhmischen König Przemysl Ottokar zerstört wurde. Der Weinbau hat Purbach berühmt gemacht. Wie hoch die hier gekelterten Tropfen schon früher geschätzt wurden, deutet ein Vertrag von 1272 an: Ein gewisser Graf Nikolaus bekam die Verwaltung der Burg übertragen, wofür er 40 Ochsen sowie 10 Faß Wein samt Wagen liefern mußte. Und als 1545 der Stadtrichter vor aufständischen Ungarn fliehen mußte, versteckte er seinen Gold- und Silbermünzenschatz im Heustadl, seinen Wein jedoch nahm er mit. (D 3)

BESICHTIGUNGEN

Befestigungsanlage

Zum Schutz vor den verheerenden Einfällen von Türken und Ungarn wurde von 1630 bis 1634 rund um den Ort eine mächtige Wehrmauer mit Schießscharten, Basteien und Zugbrücken gezogen. Die Anlage ist weitgehend erhalten. Zu ihr gehören auch das Bruckertor, das Türkentor sowie das Seetor.

Haus des Türken

Patrizierhaus aus dem 16.Jh. mit schönen Hofarkaden, die im 17. Jh. hinzugefügt wurden. Am Rauchfang über der Küche sieht man die Steinplastik eines Türken mit Turban. Damit hat es folgende Bewandtnis:

1532 drang ein türkischer Soldat bei einem Überfall auf Purbach in den Weinkeller dieses Hauses vor – und dort blieb er auch. Er erwachte erst wieder aus seinem Rausch, als seine Truppe längst abgezogen war. Nun entdeckten aber die geflohenen Purbacher den verkaterten Muselmanen, der entsetzt in die Rauchküche und dann in den Rauchfang floh. Der Hausbesitzer entfachte unten ein Feuer, und der arme Türke kroch oben rußgeschwärzt aus dem Schornstein. Man schnappte ihn und zerrte ihn vors Marktgericht. Dort stellte man ihn vor die Wahl: Entweder Übertritt zum christlichen Glauben oder du hängst! Der Türke entschloß sich für ersteres. Er wurde Knecht bei dem Weinkellerbesitzer, mit dem er noch manchen Becher geleert hat. Nach seinem Tod baute der Bauer die Türkenbüste auf den Schornstein. *Schulgasse*

Pestsäule

Bemerkenswerte, mit Weinlaub umrankte Säule aus dem 18. Jh. Unter einem Dach auf dem Kapitell stehen Holzfiguren sowie der Muttergottes mit dem Jesuskind. Der Orientplatz, auf dem sich die Pestsäule erhebt, hat nichts mit den Türken zu tun. Er wurde nach dem berühmten Landschaftsmaler Josef Orient benannt, der 1677 als Sohn eines Tischlermeisters in Purbach geboren wurde. Orient wurde später Zweiter Direktor der kaiserlichen Kunstakademie in Wien. Er starb 1747.

Pfarrkirche St. Nikolaus

Hier stand früher eine ältere Kirche aus dem 15. Jh., die 1674 einem Großbrand zum Opfer fiel. 1677 wurde das neue Gotteshaus errichtet, das man im 18. Jh. leicht veränderte. Über dem Turmportal steht eine Steinfigur des heiligen Nikolaus. Der Heilige wird auch auf dem Hochaltarbild dargestellt. Er gilt als Schutzpatron der Fischer, und das Gemälde zeigt das »Wunder vom Neusiedler See«. Die Legende wurde 1675 im Stadtarchiv schriftlich festgehalten: Demnach geriet ein Bauer mit seiner Tochter und dem neugeborenen Enkelkind beim Überqueren des Sees in ein Unwetter. Der heilige Nikolaus soll alle drei aus den Fluten gerettet haben. *In der Ortsmitte*

RESTAURANTS

Am Spitz

So gut wie die Aussicht kann die Küche gar nicht sein. Man sitzt auf einer Anhöhe über Purbach, blickt auf das Rebenmeer, den alten Ort und den Neusiedler See – und möchte bis zum Sonnenaufgang sitzenbleiben. Dabei hätten Küche und Keller einiges zu bieten – zum Beispiel Fischsulz, Neusiedler Räucheraal mit Dillgurken, Zandersteak mit Speck und Rahm gebraten, Letscho (Paprika-Tomatengemüse), Topfennudeln oder Kirschstrudel mit Sorbet, ferner herrliche Weine aus Eigenanbau. Leider schließt der Spitz gegen Mitternacht. Man kann aber eines der 15 Zimmer nehmen – und so den Sonnenaufgang über dem See für sich reservieren. Rechtzeitig bestellen. *Waldsiedlung 2, Tel. 55 19-20, Mo geschl., Kategorie 2*

Nikolauszeche

Ein herrliches Renaissancehaus mit schönem Innenhof, in dem man bei gutem Wetter auch speisen kann. Auf dem Dach hocken Störche und schauen, was serviert wird: Gänseleber mit Maisplätzchen, Kaninchenconsommé, Wallerfilet auf Gemüseratatouille oder Honigparfait mit Orangensalat. Erstklassige Weinkarte, den Purbacher Wein gibt's auch glasweise. Gönnen Sie sich abschließend einen der brillanten Obstbrände. Bisweilen spielt in der Nikolauszeche ein französischer Troubadour auf der Gitarre auf. *Bodenzeile 5, Tel. 55 14, Di geschl., Kategorie 1*

EINKAUFEN

Zahlreiche Winzer zeigen durch Schilder an, daß sie Wein verkaufen. Der Heurige (in Zwei-Liter-Flaschen) eignet sich großartig zum baldigen Verzehr, als Mitbringsel sind jedoch besser die etwas teureren 0,7-Liter-Flaschen zu wählen.

Fischerhaus
Einfaches Hotel mit ausreichendem Komfort, 12 Zi. *Kellergasse 8, Tel. 55 24, Kategorie 3*

Pension Sandhofer
Einfache Pension, alle 11 Zi. mit Dusche oder Bad. Garage. *Quergasse 10, Tel. 51 77, Kategorie 3*

Erholungszentrum Türkenhain
Am Rande des Schilfgürtels wurde ein Sport- und Erholungspark eröffnet mit beheiztem Schwimmbad, Tennisplätzen, Reitschule, Fitneß-Parcours, Angelmöglichkeiten, Seerundfahrten mit Katamaranen, Minigolf, Einkaufszentrum mit Restaurant, Campingplatz, Apartmenthotel. *Auskunft über 0 26 83/4 45 13.*

Fremdenverkehrs-Information
Gemeindeamt, Schulgasse, A-7083 Purbach, Tel. 0 26 83/51 16

Breitenbrunn
Idyllischer Ferienort am Neusiedler See. Weinbaugemeinde. Erholungspark mit Seebad, Bootsvermietung, Angelmöglichkeiten. Zum teilweise romantischen Ortsbild gehören die barocke *Wehrkirche* (sehenswerter Hochaltar mit Rokoko-Tabernakel) von 1675 und der *Türkenturm* aus dem 17. Jh. Er beherbergt das Turmmuseum, eine Ausstellung von archäologischen Funden und Handwerkszeug aus den vergangenen Jahrhunderten. *Eisenstädter*

Str. 1, Mai–Okt. Di–So 9–12 und 13–15 Uhr; Eintritt: Erw. ÖS 20,–, Kinder ÖS 10,–. Restauranttip: *Prangerschänke*, gehobenes Lokal in den 400 Jahre alten Gewölben eines Herrenhauses. Im Sommer wird im schönen Innenhof gedeckt. Zu den ungarisch-pannonischen Spezialitäten gehören geräucherter Aal in Knoblauchsauce sowie Lammkoteletts mit Knoblauch, Speckbohnen und Erdäpfelpuffer (Kartoffelpuffer). Man trinkt günstige Flaschenweine oder herrliches offenes Bier, ferner Obstbrände aus der Umgebung. *Do geschl., Prangerstr. 1, Tel. 0 26 83/53 15, Kategorie 2.* (E 3)

Winden
Der Ort (1100 Ew.) war schon zur Römerzeit besiedelt und ist Fundort der ältesten römischen Weinpresse. Prächtige *Barockkirche* mit kunstvoller Innenausstattung. Am Zeilerberg befindet sich in einer Höhe von 220 m die einzige Höhle des Burgenlandes: das *Ludloch*. Hier wurde das 30 000 Jahre alte Skelett eines Höhlenbären gefunden. Das Naturdenkmal »Bärenhöhle« ist jederzeit zugänglich. (E 3)

RUST

Die »Stadt der Störche und des edlen Weines« ist sicherlich der schönste und bekannteste Weinort (1900 Ew.) am Neusiedler See. Der Sommertrubel ist entsprechend groß. Vier Komponenten lassen Rust so konkurrenzlos liebenswürdig erscheinen: Das Städtchen hat die höchste Sonneneinstrahlung in Mitteleuropa; sein Wein ist vorzüglich (laut Eigenwerbung einer der besten Weine der Welt); das vorbildlich restaurierte Ortsbild mit malerischen Gassen, Häusern und Winzerhöfen sucht selbst im Burgenland seinesgleichen, und jedes Jahr nisten einige Dutzend Störche auf den Dächern und Kaminen – auch sie scheinen sich in das Städtchen verliebt zu haben. Wie ein 1930 entdeckter antiker Friedhof bezeugt, hatten bereits die Römer die Vorteile dieses Standorts erkannt. Sie lebten hier genau wie ihre Nachfahren vom Weinbau. Der Weinhandel hat die Geschichte Rusts bestimmt. Selbst der Erwerb der Stadtrechte ging 1681 mit der Zahlung von 500 Eimern Wein – nebst 60 000 Gulden – über die Bühne. Bis 1921 war Rust ungarisch. (D 4)

BESICHTIGUNGEN

Altstadt

★ Die meisten Bürgerhäuser mit Renaissance- und Barockfassaden stehen an der Hauptstraße, am Conradplatz, am Rathausplatz, in der Joseph-Haydn- und Kirchgasse – ein herrliches Ensemble von Erkern, Portalen mit Barockwappen, Toreinfahrten, Winzerhöfen, Gewölben und Treppenaufgängen. Die Altstadt steht daher auch unter dem Schutz der »Haager Konvention zum Schutz von Kulturgut«.

Evangelische Kirche

Klassizistischer Bau (1784–85) mit massivem Zwiebelturm. *Am Conradplatz*

Fischerkirche

Sie ist die bedeutendste Sehenswürdigkeit von Rust, ein Denkmal mittelalterlicher Baukunst im Burgenland. Die turmlose Kirche steht auf einer kleinen Anhöhe in der Ortsmitte in einem alten Friedhof, von einer Wehrmauer umgeben (Teil der Stadtbefestigung). Vom romanischen Vorgängerbau aus dem 12. Jh. sind die Fußböden sowie Teile der Nord- und Westmauer erhalten geblieben. Über 400 Jahre lang wurde an der Kirche gebaut. Die gotischen Elemente überwiegen. Im 13. Jh. wurde die Marienkapelle angebaut. Ihr Inneres schmücken gotische Glasmalereien, romanische und gotische Fresken von der Marienkrönung, Mariä Tod, dem Leiden Christi und anderen Szenen, ferner die älteste Orgel des Burgenlandes (1705), der spätgotische »Dreiheiligen-Altar« im Pankrai-Chor, ein Marienaltar (um 1700), eine barocke Säule mit einer holzgeschnitzten Madonnenfigur aus dem 15. Jh., ein gotisches Sakramentshäuschen, eine Pietà (14. Jh.) sowie mehrere alte Grabsteine. Im August finden in der Kirche samstags Konzerte bei Kerzenlicht statt. *Ostern–Oktober tgl. 10–12 und 14–18 Uhr. Eintritt: ÖS 15,–*

Patrizierhaus »Zum Auge Gottes«

Sehr schönes Gebäude aus dem 18. Jh. mit einem prächtigen Erker. *Am Rathausplatz 2*

Pfarrkirche zur Heiligen Dreifaltigkeit

Das katholische Gotteshaus in der Joseph-Haydn-Gasse wurde 1649–51 von Protestanten errichtet und 25 Jahre später den Katholiken übergeben. Kanzel, Altäre, Taufstein, Engel- und Heiligenfiguren stammen aus dem 18. Jh. ❧ Der frühbarocke Bau hat einen mächtigen, 30 m hohen Turm mit Steinbalustraden. Der Aufstieg lohnt sich: Der Blick von oben ist phantastisch.

Rathaus

Das historische Ratsgebäude am Rathausplatz (nur wenige Meter von Fischerkirche und Pfarrkirche entfernt) stammt von 1637.

Es besitzt ein besonders schönes Portal. Der große Rathauskeller lädt ein zur Weinprobe.

Wehranlagen

Teile der alten Stadtmauer mit ihren Basteien sowie dem Seetor und dem Pulverturm sind noch erhalten.

Barocke Freude am Dekorativen: Hausfassade in Rust

Arkadenraum-Seehof
Wechselnde Ausstellungen. *Tgl. 17–20 Uhr, Eintritt frei; Hauptstr. 31*

Seevogel-Museum
Der Privatmann Herbert Vargyas hat im Laufe der Jahre 280 Seevögel präpariert und in einem ehemaligen Bootshaus ausgestellt. Eine interessante Dokumentation über den Artenbestand am Neusiedler See. *1. April–1. Nov. tgl. 9–12 und 13 bis 18 Uhr, Eintritt: Erw. ÖS 20,–, Kinder ÖS 15,–; Am Hafen 2*

Torwächterhaus
Wechselnde Ausstellungen. *Juni–Sept. tgl. 17–20 Uhr, Eintritt frei; Hauptstr. 22*

RESTAURANTS

Rust hat eine ganze Reihe von Lokalen und mehrere originelle Buschenschenken hinter den Toreinfahrten.

Rusterhof
Ein ganzes Gaststätten-Ensemble im ältesten Haus von Rust mit einem verwunschenen Garten mit Brunnen. Im Speiserestaurant serviert man gehobene burgenländische Küche, z. B. Gänseleber an Eichblattsalat, gebratenen Zander in Kartoffelkruste auf Kohlcreme und für die Fischverächter Kalbsrückensteak mit sautierten Eierschwammerln (Pfifferlingen) und Schinkennudeln, gefüllte Marillen (Aprikosen) im Backteig in Traminerzabaione. Schöne Weine, edle Brände, aber auch Bier vom Faß. *Im Sommer tgl. geöffnet, Rathausplatz 1, Tel. 64 16, Kategorie 1–2*

Zur Backstube
Intimes Lokal mit nur wenigen Tischen. Sparsame Speisekarte – aber oho: zum Beispiel gebratener Saibling mit Tomaten-Knoblauch-Zucchini und hausgemachten Nudeln. *Do geschl., Kirchengasse 3, Tel. 64 05, Kategorie 1*

EINKAUFEN

Fisch
Hella Gruber, *Franz-Storno-Gasse*

Volkskunst-Souvenirs
Magdalena Schreiner, *Gartengasse 1*

Wehofer Souvenir
Ruster Korb- und Weinstube, *Rathausplatz 4*

Wein
In Rust verkaufen über 150 Winzer Weine. *Weingut Ernst Triebaumer:* ausgezeichnete Blaufränkisch-Rotweine im Barrique-Ausbau, aber auch ein beachtenswerter Sauvignon Blanc *(Raiffeisenstr. 9, Tel. 5 28). Weingut Feiler-Artinger:* Die Weinberge dieses Familienbetriebes werden mit Rindermist gedüngt. Das Gut produziert erfolgreich u. a. Weißwein der alten österreichischen Neuburger-Rebsorte *(Hauptstr. 3, Tel. 2 37).*

HOTELS

Insgesamt hat Rust über 20 Hotels, Pensionen und Gästehäuser. Darüber hinaus gibt es noch eine große Anzahl von Privatunterkünften und Ferienwohnungen.

Arkadenhof
Dieses kleine Hotel zeichnet sich durch seine gutbürgerliche Ein-

richtung aus. 15 Zi. *Franz-Josephs-Platz 1, Tel. 2 46, Kategorie 2–3*

Hotel Sifkovits

Komfortables Haus am See, Sauna, 35 Zi. *Am Seekanal 8, Tel. 2 76 und 3 60, Kategorie 2*

Seehotel Rust

First-class-Haus an einer Lagune des Neusiedler Sees. Eigener Anlegeplatz mit Bootsverleih, Liegewiese, Hallenbad, Sauna, Dampfbad, Solarium, Fitneßraum, Massage, Squash-Box, Tennisplätze, Spielplatz, Kinderbetreuung, Terrassen-Restaurant, Bar. 110 Zi. *Am Seekanal 2–4, Tel. 3 81 -3 85, Kategorie 1*

FREIZEIT UND SPORT

Back- und Weinkurse

»Brot und Weizen«: Hier läßt sich das Backen von Schwarz- und Weißbrot erlernen; es wird abends bei einer Weinprobe verkostet. Auskunft: *Elisabeth Seiler, Setzgasse 10, Tel. 64 49*

»Promille aus dem Kochtopf«: Kochen mit Wein. Auskunft: *Christine Tremmel, Weinberggasse 19, Tel. 3 68*

»Weinseminar«: Anlage und Pflege des Weingartens, Traubensorten, Ernte, Faßausbau etc. *Weingut Marienhof, Weinberggasse 16, Tel. 2 51*

Österreichische Weinakademie

Kurz- oder Wochenendseminare mit reichlich Proben im Seehof aus dem 17. Jh. Ewiges Thema: Wie werde ich Weinkenner? Auskunft: *Seestraße, Tel. 64 51*

Seebad Rust

Liegewiesen, Bootsfahrten, See-Restaurant, Rudern, Segeln, Surfen, Tret- und Elektroboote, Segelschule. Am frühen Morgen Fahrten mit Stangenbooten durch den Schilfgürtel. Angeln, Mietfahrräder.

AM ABEND

Csarda

Disko. *Am Hafen 1, Tel. 2 70*

Storchennest

Disko. *Am Hafen 1, Tel. 4 38*

Zur Mörbischer Idylle tragen auch die Blumenfreunde bei

Touristen-Information

Im Rathaus, Rathausplatz, A-7071 Rust, Tel. 0 26 85 / 5 02

Mörbisch

Malerischer Ort am Neusiedler See, ganz an der Grenze zu Ungarn. Zur Hauptsaison im Juli/August ist hier allerdings die Hölle los. Denn Mörbisch (2300 Ew.) bietet nicht nur ein Strandbad und alle Möglichkeiten des Wassersports inklusive einer Fähre für Radfahrer auf die andere Seeseite nach Illmitz, sondern auch einen intakten burgenländischen Ortskern mit langen Hofgassen, geschmückten Laubenhäusern und alten Scheunen mit ihren charakteristischen Giebeln. Das *Heimathaus Mörbisch, Hauptstr. 55,* zeigt in einem Weinbauernhof Geschichte und Traditionen der Winzer. *Ostern–Allerheiligen, tgl. 9–12 und 13–16 Uhr, Eintritt Erw. ÖS 10,–, Kinder ÖS 5,–.*

Die *Mithrasgrotte* an der Grenze zeugt von der Römerzeit, als hier schon Wein angebaut wurde. Ein 1700 m langer Damm durch das Schilf führt auf eine künstliche *Badeinsel* mit Strand und Liegewiese (auch FKK). Dort erheben sich auch die Ränge der *Seebühne* von Mörbisch. Im Juli/August finden hier allabendlich unter freiem Himmel die berühmten Operettenfestspiele statt. Das Spektakel mit anschließendem Feuerwerk ist in ganz Österreich beliebt. Bereits im Frühjahr hängen überall die Plakate des Wiener Bühnenbildners Rolf Langenfaß. Im ganzen Ort locken

freundliche Buschenschenken und Heurigenlokale.

Auskunft: *Fremdenverkehrsstelle, Hauptstr. 23, Tel. 0 26 85 / 84 30,* sowie *Gemeindeamt Mörbisch, Hauptstr. 22, Tel. 0 33 55 / 82 01.* (D 4)

Oggau

Berühmter Weinort am Neusiedler See, sehr malerisch am Osthang der Ruster Hügel gelegen. Traditioneller Rotweinanbau. Ein *Weinlehrpfad* führt über 2,5 km durch die Weingärten und zeigt an 30 Stationen den Verlauf der Weinherstellung von der Rebe bis zum fertigen Produkt. Auskunft: *Gemeindeamt, Hauptstr. 52, Tel. 0 26 85 / 72 01. Eintritt bei Führungen: Erw. ÖS 20,–, Kinder ÖS 10,–, sonst frei.* Auch auf dem Gebiet von Oggau wurden steinzeitliche Grabungsfunde gemacht. Das Dorf selbst ist noch teilweise von der alten *Befestigung* umgeben. Sehenswerte *Barockkirche* (1727) mit Barockschnitzaltären und Taufkapelle. Oggau ist Zentrum der Fischerei am Neusiedler See mit Fischzuchtanstalt. Weinkauf: *Weingut Thometitsch,* sehr schöner, gebietstypischer Pinot Noir (Spätburgunder), der naturnah bearbeitet wurde *(Setzweg 31, Tel. 0 26 85 / 76 61).* (D 4)

Oslip

Idyllisches kroatisches Schmalangerdorf, mitten in den Weinbergen gelegen.

ⱦ Die *Cselley-Mühle* ist ein Kultur-Aktionszentrum für junge Leute. Veranstaltet werden Lesungen, Kellertheater, Kabarett, Konzerte *(Sachsenweg 3, Tel. 0 26 84 / 22 09 oder 28 12). Die Storchenmühle,* ein Restaurant mit verfeinerten burgenländischen Spezialitäten, sorgt fürs leibliche Wohl *(Sportplatzgasse 4, Tel. 21 27, Kategorie 2).* (D 4)

St. Margarethen

Dieser bekannte burgenländische Weinort (2600 Ew.) liegt nur wenige Kilometer vom See landeinwärts. Auch er hat sein charakteristisches Ortsbild – Wohngäßchen, Barockhäuser, Winzerhöfe, malerische Toreinfahrten, einen Wehrturm aus dem 17. Jh., eine spätgotische Pfarrkirche von 1359 – weitgehend behalten. Überall locken Straßenschilder zum Weinkauf. Die *Weinkellerei Burgenland* ist eine geschmackvoll eingerichtete Weinboutique mit großer Auswahl an Rot- und Weißweinen sowie an Zubehör, Bränden und Sekt. Man kann probieren. *An der Straße zwischen Rust und St. Margarethen, Tel. 0 26 85/5 44 -0.*

Schräg gegenüber befindet sich eine der Hauptattraktionen des Burgenlandes, weit über die Grenzen Österreichs hinaus als monumentalste Steinlandschaft Europas bekannt: der *Römersteinbruch* von St. Margarethen. Die Römer brachen hier den Stein für ihre Donaustadt Carnuntum (Petronell); auch das Gesteinsmaterial zahlreicher Wiener Prachtbauten (Oper, Rathaus, Votivkirche, z. T. Stephansdom) stammt von hier. So entstand eine einzigartige, bizarre Landschaft, die ideal als Filmkulisse scheint. Immer wieder lockt diese Felsenszenerie Künstler an. In der Österreichischen Galerie im Oberen Belvedere in Wien hängen zum Beispiel zwei hier entstandene Bilder des Malers Herbert Boeckl: »Gelber Steinbruch« und »Blauer Steinbruch«. 1959

Ein Quell künstlerischer Inspiration: der Römersteinbruch

kamen zum ersten Mal Bildhauer aus aller Welt hierher, um gemeinsam die Inspiration dieser Landschaft zu erfahren. Die Künstler trafen sich fortan jährlich. Davon zeugen zahlreiche Steinplastiken. Der Steinbruch hat auch die Gläubigen inspiriert: Alle fünf Jahre finden hier die Passionsspiele von St. Margarethen statt, das nächste Mal 1996. Als Zeugnisse der Urgeschichte wurden im Steinbruch die versteinerten Köpfe von zwei Seekühen, Reste eines Urpferdes, Haifischzähne, das Skelett eines Delphins und andere Fossilien gefunden. *Tgl. 9–18 Uhr, Eintritt: Erw. ÖS 20.–, Kinder ÖS 10.–.*

Nur wenige hundert Meter weiter befindet sich *Müllers Märchenwald* mit einem kleinen Tierpark, wo man auf Eseln und Ponys reiten kann – ein ideales Vergnügen für Familien mit kleinen Kindern. *Tgl. 8–19 Uhr, Dez., Jan. und Febr. geschl. Eintritt: Erw. ÖS 45.–, Kinder ÖS 35.–, Tel. 0 26 85/3 03.* (D 4)

In der Sonne der Pußta

*Die ungarische Steppe reicht bis zum Neusiedler See –
ein stilles Paradies*

Östlich des Neusiedler Sees haben wir – so scheint es – die Grenze nach Südosteuropa überschritten. Das Land ist flach wie eine Steppe – man ahnt die Pußta. Und tatsächlich war hier früher steppenartiges Weideland. Am Horizont wirbelt eine Staubwolke auf, und es bedarf keiner großen Phantasie, die donnernden Hufe einer Herde halbwilder Pferde zu vernehmen. Vereinzelt ragen in der Ferne die langen Stangen ungarischer Pußtabrunnen in die hitzeflimmernde Luft. Im Süden ist die Landschaft von zahllosen stehenden Gewässern bedeckt, großen abflußlosen und salzhaltigen Lachen (burgenländisch: »Lacken«), in denen der spärliche Niederschlag und das nachquellende Grundwasser verdunsten – ein einzigartiges Biotop für Fauna und Flora, ein Vogelparadies. Es reicht über die österreichisch-ungarische Grenze hinaus – und ist seit 1993 unter dem Patronat des World Wide Fund for Nature der erste

grenzübergreifende Naturschutzpark Europas, ein lebendiges Welt-Naturdenkmal.

Der Seewinkel ist aber auch seit Menschengedenken kultiviert worden. Endlos erstrecken sich die Maisfelder. Und Wein wird angebaut, auf den im Sommer und Herbst eine nie erschöpfte Sonne niederbrennt. Die Bauern sagen stolz, er sei der beste der Welt – süß und schwer wie Tokajer, nur noch ein bißchen besser. Egéségedre – zum Wohl.

PODERSDORF

Der Ferienort am Neusiedler See, doch ohne Betonghettos oder Diskogedröhn. Podersdorf (ca. 1900 Ew.) ist eine kleine ländliche Gemeinde geblieben. Die geduckten Bauernhäuser wurden nicht modisch verschandelt. Manche Dächer und Kamine tragen noch Storchennester. Heile Welt? Ein bißchen – vielleicht. Und vielleicht kommen die Urlauber – man sagt hier lieber: Sommergäste – deswegen so gern zurück. Sie mögen diesen überschaubaren Ort, in dem Provinz so gut tut, wo man die lauen

*Seewinkel wie im Bilderbuch:
Bauernhaus mit Storchennest und
Ziehbrunnen in Apetlon*

MARCO POLO TIPS FÜR DEN SEEWINKEL

Abende beim Heurigen in einer Schenke oder im Freien verbringt, und wo die Preise noch niedrig sind. Podersdorf bietet allerdings auch einiges: Hier ist die einzige schilffreie Stelle am Neusiedler See, man kann ungehindert baden und segeln. Auf den Sonnenschein ist Verlaß, im August sind Wassertemperaturen von 30 °C keineswegs eine Ausnahme. Und der Wein ist süffig, die Menschen sind freundlich.

Podersdorf ist keine künstliche Ansiedlung. Es steht auf uraltem Siedlungsboden, wie fast alle Gemeinden rund um den See. In diesem warmen Biotop haben sich schon vor Tausenden von Jahren die Steinzeit- und Bronzezeitmenschen niedergelassen, wie zahlreiche archäologische Funde bezeugen. Der Ort Podersdorf wurde um 1210 erstmals urkundlich erwähnt. Die Chronisten berichten allerdings nur von Katastrophen: Zerstörung durch die Mongolen im 13. Jh., Einfall der Türken (1529 und 1683), Mordbrennerei der Kuruzzen (1705), die Pest 1713, Feuersbrünste im 19. Jh. Erst im 20. Jh. kehrte mit dem Fremden-verkehr zwar keine Ruhe, aber doch Frieden ein. Freilich ist der Tourismus nicht alles. Das Dorf gilt als bedeutende Weinbaugemeinde und als Zentrum des Gemüseanbaus. Podersdorf ist normal geblieben. (E 3)

BESICHTIGUNGEN

Poderdorf ist ein typisches Schmalangerdorf: Es zieht sich an der Hauptstraße entlang. Die Reihe aneinandergebauter Winzerhäuser, relativ flach, wird bisweilen unterbrochen von den charakteristischen Barockhöfen dieser Gegend. Das ergibt ein geschlossenes Ortsbild, aus dem allerdings auch kaum eine besondere künstlerische oder historische Architektur herausragt – bis auf zwei Ausnahmen:

Pfarrkirche

Barocker Sakralbau aus dem Jahr 1791, 1895 erweitert. Die Kirche hat einen bemerkenswerten spätbarocken Turm mit spitzem Helmdach. Die Dreifaltigkeitssäule stammt von 1687, das Pestkreuz wurde im Seuchenjahr 1713 aufgestellt. *In der Ortsmitte*

Windmühle

★ Die historische Windmühle mit Schindeldach, Baujahr 1778, am Ortausgang Richtung Illmitz, ist ein beliebtes Fotomotiv. Die Kappe ihres Turmes ist drehbar gelagert, damit man – je nach Windrichtung – die Flügel in die richtige Stellung bringen konnte. Der Müller verarbeitete pro Stunde 300 bis 400 Kilo Schrot zu Mehl. 1925 wurde der Betrieb eingestellt, die Konkurrenz der Motoren war auch hier zu mächtig geworden. Oben sind der 200 Jahre alte, 10 Meter hohe Antriebsbau, die schweren Mühlsteine, die Trockentenne sowie das große Holzzahnrad zu besichtigen. *15. Mai–15. Sept. tgl. 17 bis 19 Uhr, Eintritt: Erw. ÖS 25,–, Kinder ÖS 10,–; Mühlstr. 26*

MUSEUM

Genoveva-Haus

Ausstellung von naiver Kunst (Malerei). Man kann auch kaufen. *Juli–Sept. tgl. 10–12.30 und 15–18.30 Uhr, Eintritt: Spende erbeten; Neusiedlerstr. 7*

RESTAURANTS

Im Sommer haben jede Menge Heurigenlokale und Buschenschenken geöffnet. An Wochenenden gibt's Zigeunermusik – ob man will oder nicht. Die Preise sind moderat, die Weine meist leicht, die Speisen bisweilen schwer, aber sehr gut. Zwei Restaurants sind besonders empfehlenswert:

Gasthaus zur Dankbarkeit

★ ✪ Wir waren dankbar, als wir das Lokal verließen: dem Wirt, dem Essen, der Atmosphäre – und den Preisen. Schöner kann ein Landgasthof gar nicht sein. Vorne im Gastraum sitzen die Stammtischler, in beiden schlichten Restauranträumen tafeln sonntags einträchtig einheimische und auswärtige Gäste. Hier versteht man noch zu feiern. Als Apéritif sollte man auf keinen Fall ein Gläschen Trockenbeerenauslese aus dem Seewinkel versäumen. Gelb-ölig, voller Honigdüfte liegt der Wein im Glas. Dazu nimmt man die jiddische Leberpastete, beides zusammen ein Gedicht. Als weitere Folge zur Auswahl: hausgemachte Lammwurst, burgenländische Krautsuppe, Aal in Weißwein pochiert mit Dillsauce und Erdäpfeln (Kartoffeln), Rehrücken vom Maibock mit Serviettenknödeln und Preiselbeeren, Gundelpalatschinken. Dazu erstklassige Weine (den offenen Roten probieren!), dann einen Kaffee und einen der »Husbrände«, den selbstgebrannten Schnaps. Und jetzt bitte ein Bett! Leider hat das Wirtsehepaar Heide und Josef Lentsch keine Fremdenzimmer, aber vielleicht wäre das auch des Guten zuviel. *Mi geschl., Hauptstr. 39, Tel. 22 23, Kategorie 2*

Rasthaus Pußtatenne

Solides burgenländisches Wirtshaus mit den deftigen pannonischen Genüssen des Seewinkels, allerdings ohne große Raffinesse. *Hauptstr. 4–8, Tel. 29 41, Kategorie 3*

HOTELS

Podersdorf hat die größte Dichte von Fremdenzimmern, Ferienwohnungen und Bungalows im gesamten Burgenland. Campingplatz mit allem Komfort am See.

Georgshof
Einfache Unterkunft mit Reitstall, Reitunterricht, Pußta-Ausritte etc. 65 Zi. *Im Karmazik, Tel. 22 53, Kategorie 3*

Haus Attila
Komfortables Hotel am See, Sauna. 52 Zi. *Am Strandplatz, Tel. 24 15, Kategorie 1*

Pension Lorenz Haider
Gutbürgerliche Unterkunft. Schwimmbad. 50 Zi. *Seestr. 56, Tel. 27 56, Kategorie 3*

Naturwandern
Wanderpfad auf dem Seedamm Richtung Weiden mit Schilf, Salzstellen etc. (seltene Amphibien, Graugänse, Uferschnepfen, Reiher, Seeregenpfeifer). Natur- und Tierlehrpfad mit lebensgroßen Tierfiguren an der Seeuferstraße.

Radfahren
Viele Radwanderwege. Radverleih (auch Trekking- und Miniräder sowie Tandems).

Reiten
Reitschule, Kutschfahrten, Pußta-Ausritte etc. bietet der Reitstall Alexander Frankl. *Hausgärten, Tel. 22 51*

Wassersport, Tennis und anderes
Vier km langer, sehr schöner Badestrand mit feinem Sand. Das Flachwasser ist im Hochsommer sehr warm – ideal für Kinder. Verleih von Ruder-, Elektro- und Tretbooten. Ferner Angeln, Segeln, Surfen, Minigolf, Tennis, Boots- und Linienfahrten über den See.

Segelschule am Südstrand: *Lorenz Peisser, Tel. 23 81.*

Surfschule am Nordstrand: *Elfriede und Josef Peisser, Tel. 23 20.*

Nova Tenne
Disko. *Hauptstr. 4, Tel. 29 41*

Fremdenverkehrsbüro
Hauptstr. 2, A–7141 Podersdorf, Tel. 0 21 77/22 27

Gols
Fein und groß, jedenfalls für Seewinkel-Verhältnisse: 3400 Ew., dazu 1600 Hektar Weinberge, mithin die größte Weinbaugemeinde Österreichs. Hier dreht sich fast alles um den Rebensaft. Sehr gute Rotweine (Zweigelt, St. Laurent) und jede Menge süffiger Weißweine: Grüner Veltliner, Welschriesling, Müller-Thurgau, Neuburger, Muskat-Ottonel. Den richtigen Appetit (und Durst) holt man sich auf dem 2,5 km langen Wanderweg und beim Spaziergang durch den hübschen Ort. Gols war im katholischen Burgenland eine evangelische Insel. Zu sehen sind eine neurömische *protestantische Kirche* aus dem 19. Jh. und eine katholische *Pfarrkirche* aus dem 13. Jh., deren romanischer Grundstil im Laufe der Zeit aber weitgehend zugebaut wurde. Typisch für den Ort sind die zahlreichen *Tschardaken,* hohe offene Holzspeicher für den Kukuruz, den Mais. Wein probieren und kaufen kann man bei *Weingut Heinrich:* kraftvoller Weißburgunder und Muskateller

Auslese – ein Ausnahmewein *(Wassergasse 2, Tel. 0 21 73/23 02). Weingut Nittnaus:* großer Pannovile-Rotwein, ein Barrique-Cuvée *(Untere Hauptstr. 49, Tel. 22 48).* (E 3)

Illmitz

Drei Superlative: 1. flächenmäßig die größte Gemeinde des Burgenlandes; 2. mit 118 m Meereshöhe der am tiefsten gelegene Ort Österreichs; 3. das Dorf der Weltmeister: Über 2000 WM-Titel brachte den Illmitzer Winzern ihr schwerer, weißer Sandwein ein, Trockenbeerenauslesen, die sicher einzigartig sind. Doch das sind nicht die einzigen Gründe, die Illmitz (2400 Ew.) zu einem so erfolgreichen Fremdenverkehrsort machten. Am meisten profitiert der Ort von seiner Lage in der eigenartigen Steppenlandschaft im Osten des Neusiedler Sees. Besonders schön ist es im Frühling, wenn ein bunter Blütenteppich das Flachland überzieht, oder im Spätsommer, wenn sich Tausende von seltenen Vögeln zum großen Zug in die tropischen Länder sammeln. Illmitz ist ein idealer Urlaubsort für die Familie. Es bietet Entspannung (weil kaum Trubel), einen hübschen Ortskern (spätbarocke Pfarrkirche von 1775, den Florianihof, das schönste Bauernhaus des Seewinkels, alte Ziehbrunnen und Schilfhütten am Ortsausgang) sowie eine reizvolle Natur. Angebote werden auch ornithologische Führungen mit dem Pferdewagen, dem Fahrrad oder zu Fuß durch das Naturschutzgebiet. Und schließlich gibt es das schöne Strandbad, hinter dem Schilffeld des Sees, mit den üblichen Wassersportmöglichkeiten.

Tip für den Weinkauf: *Weinlaubenhof* mit einem breiten Angebot aller Qualitätsstufen *(Apetloner Str. 37, Tel. 2 42 02).* (E 4)

Auskunft: *Verkehrsbüro, Obere Hauptstr. 2, A–7142 Illmitz, Tel. 0 21 75/23 83.*

Mönchhof

Vor etlichen Jahrhunderten gründeten Zisterziensermönche das Dorf. Sie brachten auch den Wein mit. Wein ist heute wie vor die Haupterwerbsquelle in Österreichs ältester Weinbaugemeinde. Dabei hat Mönchhof (2200 Ew.) auch für den Fremdenverkehr einiges zu bieten, z.B. ein intaktes Ortsbild mit schöner *Barockkirche* aus dem 18. Jh. (bemerkenswerter Hoch-

---

Die Menschenopfer von Illmitz

Um Gewässer ranken sich oft Sagen und Legenden. Offenbar regen sie die Phantasie der Menschen an. Eine ähnliche Wirkung scheint der Neusiedler See auf seine Anwohner auszuüben, bei denen sich bis heute der Glaube an Dämonen hält, die dem Burgenländer nicht gut gesonnen sind. So müssen sie besänftigt werden. In Illmitz macht man das mit Menschenopfern: Am Heiligabend kommt der »Hausvater« auf den Tisch, ein Lebkuchengebäck in Menschenform. Der Kopf wird abgeschnitten und in den Hausbrunnen geworfen – damit die Brunnengeister Ruhe geben.

altar, mächtiger Wehrturm), erholsame Spaziergänge durch die Weingärten, Kellerproben (z.B. beim *Weingut Pöckl, Baumschulgasse 12, Tel. 0 71 23/8 02 58*) – oder aber auch einen ganz und gar gesunden Aufenthalt: Die Zisterzienserinnen des Klosters Marienkron (1959 gegründet) unterhalten ein *Kneippkurhaus* mit allem, was dazu gehört. Auskunft: *Gemeindeamt, A–7123 Mönchhof, Tel. 0 21 73/8 02 10.* (F 3)

Weiden

Badeort (1700 Ew.) am Neusiedler See an der Nordgrenze des Seewinkels. Zum *Seebad* kommt man über eine Dammstraße durch das Schilf. Hunde dürfen nicht mit. Hübsche Dorfatmosphäre, Barockkirche aus dem 18. Jh. Ihre wertvolle Inneneinrichtung (Kanzel, Hochaltar, Orgel) stammt aus dem aufgelassenen Augustinerstift in Bruck a. d. Leitha. (E 3)

FRAUENKIRCHEN

Der Ort (2700 Ew.) ist so etwas wie die Hauptstadt des Seewinkels. Die Gemeinde wirkt einfach städtischer als die umliegenden Dörfer, die Gassen sind ein bißchen breiter, die Häuser ein wenig höher und eleganter. Das mag daran liegen, daß Frauenkirchen seit über 650 Jahren ein bekannter Wallfahrtsort ist, also über ein halbes Jahrtausend »Touristenerfahrung« hat. Die Pilger kommen noch heute. Aber sie sind nicht mehr so arm und genügsam wie im Mittelalter, sondern tragen auch schon mal Gourmet- und Kunstführer mit sich. Dort können sie nachlesen, was den Ruhm dieser Gemeinde ausmacht: eine entsetzliche Mordtat und ein »Wunder«: Der Graf von Forchtenstein verliebte sich einst in ein Mädchen aus Mädchenthal. Seine eifersüchtige Frau ließ das Mädchen und seine Mutter heimlich ergreifen und im Dorfweiher ertränken. Vor der Hinrichtung prophezeite die Mutter düster: »Noch bevor die Sonne zum zweiten Mal untergeht, Fluch über euch alle!« Und tatsächlich: der Wasserspiegel des Weihers stieg an, die Dorfbewohner mußten flüchten, sieben Ortschaften gingen unter. Die Särge der beiden Frauen trieben auf ein Kreuz zu, dann sank das Wasser. Man bestattete die Opfer der bösen Gräfin an dieser Stelle, errichtete eine Kapelle und nannte sie Frauenkirchen. Soweit die Sage. Tatsächlich soll sich in diesem Zeitraum der Grundwasserspiegel gehoben und gesenkt haben. Ob mittelalterliches »Wunder« oder Naturereignis – schon im frühen 14. Jh. wurde Frauenkirchen zum Wallfahrtsort. (F 4)

BESICHTIGUNGEN

Franziskanerkloster

1324 wurde die Existenz eines Franziskanerklosters erstmals urkundlich belegt. 1529 zerstörten die Türken die Abtei. Sie wurde gegen Ende des 17. Jhs. neuaufgebaut – und wieder von den Türken zerstört. Der heutige Klosterbau neben der Wallfahrtskirche wurde 1720 angelegt. Sehenswert ist der Kreuzgang, in dessen Schildbögen Ölbilder das Leben Jesu darstellen. Reiche Stuckdekorationen im ehemaligen Refektorium.

Wallfahrtskirche
Mariä Himmelfahrt

★ Sie zählt zu den schönsten Barockkirchen Österreichs. Herrliche Fassade mit zwei 53 Meter hohen Ecktürmen und Doppelzwiebelhauben, ein Meisterwerk des Italieners Francesco Marielli. Bereits zur Zeit des mittelalterlichen Klosters stand hier ein Kirchenbau. Auch er wurde von den Türken zerstört, dann neu aufgebaut, wieder zerstört und schließlich von Fürst Paul Esterházy 1686–1702 völlig neu errichtet. Faszinierend ist die Inneneinrichtung, die durch das breite Schiff mit jeweils vier Seitenaltären und die dominierenden Farben Weiß und Gold noch verstärkt wird. Das Ziel der Wallfahrer steht auf dem vergoldeten, von Säulen getragenen Hochaltar: Es ist die Sancta Maria in Pratis – die Heilige Maria auf der Heid': eine frühgotische Muttergottesfigur mit Kind, aus Lindenholz geschnitzt. Am Sockel steht die Jahreszahl 1240. Die Muttergottes wurde nachträglich mit einem barocken Mantel bekleidet und mit einer Krone geschmückt. Gleichen Alters dürfte das Marienbild am 4. Seitenaltar auf der linken Seite sein. Des weiteren zu sehen: eine reich verzierte Kanzel, barockes Chorgestühl und farbige Stuckdekorationen an der Decke. Die Figuren der Ungarnkönige des heiligen Stephan und des heiligen Ladislaus flankieren den mächtigen Hochaltar, über dem das Esterházy-Wappen und Gottvater als Schöpfer zu sehen sind.

RESTAURANTS

Altes Brauhaus

Sehr schöner alter Landgasthof mit bester burgenländischer Küche. Terrasse mit Blick auf die barocke Kirchenfassade. Früher bestand ein unterirdischer Gang zwischen Kloster und Brauhauskeller. *Kirchenplatz 27, Tel. 22 17, Mo und Di geschl., Kategorie 1–2*

Gasthaus Kobor

Gutbürgerliche pannonische Karte. *Hauptstr. 39, Tel. 23 07, Do geschl., Kategorie 3*

Bäuerlicher Garten in Frauenkirchen

Wein

Vinothek & Galerie Kaisergarten: Wein und alles was mit Wein zu tun hat – auch die Bilder von Künstlern aus dem Seewinkel. *Gegenüber der Wallfahrtskirche*

HOTELS

Gasthof Doschek

Rund 30 preiswerte Fremdenzimmer mit Etagenbad. *Franziskanerstr. 23, Tel. 22 42, Kategorie 3*

Pension Weisz

Einfache, saubere Unterkunft, wahlweise Halbpension, 15 Zi. *Lagergasse 1, Tel. 21 02, Kategorie 3*

SPORT UND FREIZEIT

Der Ort verfügt über ein modernes Freibad mit Camping und Tennis.

AM ABEND

Central

Cocktail-Bar. *Hauptstr. 43, Tel. 32 57*

Palme

Diskothek. *Franziskanerstr. 16, Tel. 22 59*

AUSKUNFT

Fremdenverkehrsbüro

Stadtgemeinde, Amtshausgasse 7, A–7132 Frauenkirchen, Tel. 0 21 72/23 00

ZIELE IN DER UMGEBUNG

Apetlon

Großgemeinde (1900 Ew.) im Süden des Seewinkels. Bekanntes Weinbaugebiet. Der Ort liegt inmitten einer typischen Pußta-Landschaft (Ziehbrunnen in der Dorfmitte). Auf den Weiden hüten noch Hirten die letzten Viehherden dieser Region. Die Rinder haben früher den Neusiedler See vor dem Verschilfen bewahrt. Apetlon ist von mehreren »Lakken« umgeben.

★ Der mit 10 Quadratkilometern größte dieser flachen Salztümpel ist die *Lange Lacke,* das Zentrum des Naturparks Apetlon, eines Tier- und Pflanzenparadieses. In der Herbstzugzeit sammeln sich Tausende von Wildgänsen auf der Wasserfläche. (E 4)

Halbturn

Es lohnt sich, die Nebenstrecken zu fahren, denn dort, wo Österreich in die Ungarische Tiefebene übergeht, liegt einer der Edelorte des Burgenlandes. Trotz der Bauernhäuser und Tschardaken (Maisspeicher) strahlt das Dorf eine gepflegte, ja fast vornehme Atmosphäre aus – als sei es der äußere Rahmen eines feudalen Landgutes. Dieser Eindruck ist durchaus begründet, denn das Zentrum von Halbturn ist ein kleines Versailles: ★ 1710 erbaute der österreichische Architekt Franz Lukas von Hildebrandt anstelle eines von Türken niedergebrannten Jagdschlosses das Barockschloß Halbturn, sicherlich das schönste Profangebäude im Seewinkel. Mitte des 18. Jhs. beauftragte Kaiserin Maria Theresia den Maler Franz Anton Maulpertsch mit der Ausschmückung des Mittelsaals. Er schuf das herrliche Deckenfresko »Allegorie der Zeit und des Lichtes«, das den Sonnengott mit Au-

rora und Flora darstellt. Erzher-
zöge, Könige und Kaiser waren
auf Halbturn zu Gast. Sie lust-
wandelten auch im prächtigen
Schloßpark, der 1724–27 entstand. Bis zum 18. Jh. waren hier
die kaiserlichen Lippizanerpferde
»stationiert«. 1949 richtete ein
Großbrand schwere Schäden an.
Die Restaurationsarbeiten dauer-
ten bis 1960. Heute ist das Schloß
zu einem wichtigen Kulturzentrum geworden. Es gibt häufig
Konzerte, Ausstellungen etc. *Mai
bis Okt. tgl. 9–18 Uhr, Eintritt: Erw.
ÖS 30,–, Kinder ÖS 20,–.* Erholung bietet das Heurigenlokal im
Schloßhof. Besser kann man
kaum sitzen, es sei denn in der
Schloßkellerei bei einer Weinprobe. Hier lagern mit die besten
Tropfen des Burgenlandes. Auskunft: *Gemeindeamt, A–7131 Halbturn, Tel. 0 21 72/86 45.* (F 3)

Pamhagen
Dorf am südlichen Grenzüber-
gang nach Ungarn. Hier führt der
Eisner-Kanal entlang, mit dem
im 19. Jh. die Sumpfgebiete
trockengelegt wurden. Sehenswürdigkeiten sind der Türkenturm (1683) und die barocke
Pfarrkirche mit Rokoko-Seiten-
altären.
Ferien-Tip: das *Hotel und Ferien-
dorf Pannonia,* eine Anlage von
zwei Quadratkilometern Größe
mit allen nur erdenklichen Frei-
zeiteinrichtungen: Hotel (über
50 Zi.), Hallenbad, 130 schilf-
gedeckte Bungalows, Fischwei-
her mit großer Artenvielfalt,
Fahrradverleih, Reitstall, Tennis, Bogenschießen, Schachplatz,
Schwimmen und Surfen im eigenen Badesee, Sauna, Dampfbad,
Thermal-Whirlpool und anderes
mehr. Auskunft: Hotel und Fe-

riendorf Pannonia, *Storchengasse 1,
A–7152 Pamhagen, Tel. 0 21 75/
21 80.* (F 4–5)

St. Andrä
Sehr schönes Bauerndorf in der
pußtaähnlichen Landschaft mit
alten, rohrgedeckten Bauernhäusern und Scheunen. Auf großen
Ackerflächen reifen Tomaten
und Paprika. Der Haupt-
anziehungspunkt speziell für Familien ist der 180 Hektar große
Zicksee, seine Ufer sind schilffrei
und sehr flach. Er ist nur bis zu
1,5 m tief, ideal für Kinder – und
für Rentner. Seinem warmen
Wasser wird eine heilende Wirkung nachgesagt, z.B. bei Rheu-
matismus. An Sportmöglichkei-
ten bietet der Ort Angeln in der
Schottergrube (Anmeldung: *Gemeindeamt Tel. 0 21 76/23 00*),
Reiten (Reitstall Gögh-Hof, *Tel.
0 21 76/31 78*) und Tennis (TC
St. Andrä, *Tel. 21 76/22 79*). (F 4)

Tadten
Winzerdorf am Rande des Na-
turschutzgebietes Hansag. Hier
lebt und brütet noch die
Großtrappe. Das äußerst scheue
Steppentier wird bis zu 16 kg
schwer und gilt als der schwerste
flugfähige Vogel der Welt. (F 4)

Wallern
★ Gemütliches Dorf im südlichen Seewinkel, der »Gemüse-
garten Österreichs«. Auf riesigen
Feldern wachsen hier Salat, Tomaten, Paprika, Zucchini, Kraut,
Gurken, Sellerie etc. Gute
Gasthöfe servieren pannonische
Küche und Qualitätsweine. Reel-
les Angebot an Privatquartieren
und Ferienwohnungen. Aus-
kunft: *Gemeindeamt, A–7151 Wal-
lern, Tel. 0 21 74/22 00.* (F 4)

Von Burg zu Burg

Auf den Spuren der Vergangenheit:
eine Reise durch ein liebliches Land

Wir haben Streß und Trubel hinter uns gelassen. Vor uns breiten sich Wälder aus. Liebliche Täler mit unverbauten Dörfern, im Osten kleine, aber feine Weinbaugebiete, historische Stätten, sagenumwobene Burgen – »Burgenland«, hier wurde der Name geprägt. Sensationelle Urlaubserlebnisse sind zwar nicht zu erwarten, dafür aber Ruhe, Erholung, herzliche Gastfreundschaft, ein bißchen Horizonterweiterung – und das Gefühl, daß man bald wiederkommt.

BAD TATZMANNSDORF

Schon die bronzezeitlichen Urahnen der Burgenländer wußten, was gut ist, tranken aus den Quellen, die da aus dem Boden schossen, und merkten, wie wohltuend das Wasser war. Damals wurde, wenn man so will, der Badeort Tatzmannsdorf entdeckt. Viel später, vom 14. Jh. an, war das Dorf im Besitz ungarischer Adliger, die sich von den Quellen ein längeres Leben ver-

Die mächtige Ruine der Burg Landsee bezeugt eindrucksvoll die kriegerische Vergangenheit des Burgenlandes

sprachen. Heute sind die Mineralquellen ein Gesundbrunnen für die Streßgeplagten unserer Zeit. Das Städtchen (1100 Ew.) hat ein wunderbar mildes Klima. (D 8–9)

BESICHTIGUNGEN

Gesundheitsgarten
Zurück zur Natur: für jedes Wehwehchen ein Kräutlein, alles wohlgeordnet. Man glaubt kaum, wieviele Heilpflanzen es gibt. *Eintritt ÖS 30,–*

Kurpark
Ein wunderbarer Park mit Springbrunnen, vielen Ruhebänken und einem Kurwäldchen mit Palmen und zahmen Eichhörnchen.

MUSEEN

Brotmuseum
Die Geschichte des Brotes. Man kann auch bei der Konditorei Gradwohl einkaufen. *Tgl. 9 bis 18 Uhr, Eintritt frei; Haydn-Platz 5*

Freilichtmuseum
Die schönste Ausstellung ländlicher und bäuerlicher Architektur des Burgenlandes. Bauernhöfe, Ställe, strohgedeckte Weinkeller, Flechtwerk, Blockhäuser mit Strohdach usw. auf drei Hektar

MARCO POLO TIPS FÜR
DAS MITTLERE BURGENLAND

1 **Lackenbach, Landsee, Lockenhaus**
Dreimal Burgromantik
(Seiten 79, 80)

2 **Burg Bernstein**
Renaissanceschloß mit
Prunksaal und Hotel
(Seite 75)

3 **Franz-Liszt-Museum**
In der Heimat des
Komponisten (Seite 81)

4 **Dorfgasthof Hamp**
Herrliche Bauernküche in
Ritzing (Seite 81)

5 **Keltische Eisenhütten**
Archäologische Funde im
Rathaus von Oberpullen-
dorf (Seite 78)

6 **Burg Schlaining**
Mächtige Burg mit
prunkvollen Sälen und
Gemälden (Seite 77)

am Nordrand des Kurparks. *Tgl. 8–16 Uhr, Eintritt: Erw. ÖS 10,–, Kinder (bis 6) ÖS 5,–, Josef-Hölzel-Allee 5*

Kurmuseum

Die geschichtliche Entwicklung des Badeortes Tatzmannsdorf. *Di 15–17 Uhr, Sa und So 9.30–12 Uhr, Eintritt: freie Spende; Quellenhof*

RESTAURANT

Ente

Man sollte den Namen nicht so wörtlich nehmen. Dieses Lokal hat der Fettlebe abgeschworen. Es ist *der* Fluchtpunkt für Kurgäste, die bisweilen vor ihrer Diät Reißaus nehmen. Was sie lockt, sind leichte Speisen, frische Kräuter, bester Fisch und bestes Fleisch. Wie wär's mit Apfel-Curry-Suppe, Lachs und Zander im Mangoldblatt auf Safransauce mit wildem Reis – oder zartes Lammcarré mit Schwammerlrisotto? *Di und Mi geschl., Parkstr. 7, Tel. 84 62, Kategorie 1*

HOTELS

Es gibt keinen anderen Ort im Burgenland mit einem so vielfältigen Hotelangebot. Hier eine kleine Auswahl:

Hotel Batthyany

Sehr komfortables Haus mit Schwimmbad, Sauna, Solarium, über 100 Zi. *Kurplatz, Tel. 85 81, Kategorie 1*

Hotel-Pension Weiss

Ein Haus der kleinen Preise, doch mit ausreichendem Komfort. 20 Zi. *Jormannsdorfer Str. 20, Tel. 83 73, Kategorie 3*

Pension Waldesruh

Ruhiges, gepflegtes Haus mit Sauna und Solarium, 20 Zi. *Lichtenwaldstr. 14, Tel. 83 04, Kategorie 3*

Steigenberger

Sporthotel direkt am Golfplatz, mit erstklassigem Restaurant etc. 186 Zi. *Am Golfplatz 1, Tel. 88 41, Kategorie 1*

FREIZEIT UND SPORT

Ein vielfältiges Angebot mit Freibad, Hallenbad, Tennis, Reiten, Golf, Minigolf, Kutschfahrten und Fahrradverleih.

AUSKUNFT

Kurkommission
Haydn-Platz 1, A-7431 Bad Tatzmannsdorf, Tel. 0 33 53/82 84-0

ZIELE IN DER UMGEBUNG

Bernstein
Früher führte hier ein Seitenarm der legendären Bernsteinstraße vorbei – daher der Name. In Bernstein wird Edelserpentin gefunden, ein Halbedelstein, der oft mit chinesischer Jade verwechselt und zu Schalen, Skulpturen und Schmuck verarbeitet wird, Stücke, die man im Ort gut einkaufen kann. Das *Felsenmu-*

seum informiert über die Gewinnung und Verarbeitung des Minerals. *März-Dez. tgl. 9–12, 13.30 bis 18 Uhr, Eintritt: Erw. ÖS 40,–, Kinder ÖS 25,–; Hauptplatz 5.*

★ ✳ Über dem Ort thront, mit wundervollem Ausblick, die *Burg Bernstein,* im 13. Jh. als Grenzbefestigung auf den Grundmauern einer noch älteren Anlage errichtet. Sie wurde im 16. Jh. als Renaissanceschloß umgebaut und verstärkt. Den Türken gelang es nicht, die Festung einzunehmen. 1617 flog sie jedoch bei einer Explosion in die Luft. 1627 war die Wehranlage wieder hergestellt. Im 17. Jh. erfolgte auch der Umbau zum Wohnschloß. Heute ist auf der Burg ein bezauberndes *Hotel* untergebracht, das von April bis Oktober geöffnet hat *(Tel. 0 33 54/63 82, Kategorie 1).* Eine Burgbesichtigung lohnt unbedingt, denn es gibt viel zu sehen,

Im Kurgarten von Bad Tatzmannsdorf

Edelserpentinschleiferei in Bernstein

z.B. den prunkvollen Renaissancesaal. *März-Dez. tgl. 9–12 und 13.30–18 Uhr, Eintritt: Erw. ÖS 40,–, Kinder ÖS 25,–.* (D 8)

Mariasdorf

Hier steht die schönste gotische Kirche des Burgenlandes, im 15. Jh. erbaut, im 17. barockisiert. Besonders eindrucksvoll sind die Fassaden aus mehrfarbigen Bruchsteinen. (D 8)

Oberschützen

Sehr schön gelegener Urlaubsort, dessen 1785 erbaute evangelische Pfarrkirche die größte Kirche des Burgenlandes ist. Das wesentlich ältere katholische Gotteshaus besitzt noch einen romanischen Teil mit Fresken aus dem Mittelalter. Sehr interessant ist der Naturlehrpfad »Willersdorfer Schlucht« mit 50 Baum- und Strauchsorten. (D 8)

Pinkafeld

Der Ort wurde von Karl dem Großen gegründet. Er gilt als älteste deutsche Siedlung des Burgenlandes und war im Mittelalter ein bedeutendes Zentrum des Handwerks. Mit seiner Textil- und Lederwarenproduktion ist Pinkafeld (4800 Ew.) heute der größte Industriestandort des Burgenlandes.

Rund um die katholische Pfarrkirche (1772) ist der alte Ortskern weitgehend erhalten geblieben. Besonders sehenswert: das *Schloß Batthyány* (1658, heute Landesberufsschule), die *Mariensäule* am Marktplatz, das *alte Rathaus* am Rathausplatz und die *Dreifaltigkeitskapelle* am Bahnhof. Das *Schlachtenkreuz* in der Nähe der Bahnhofsbrücke erinnert an den Kampf um die ungarische Königskrone, ausgefochten zwischen Kaiser Friedrich III. und dem Magyaren Matthias Hunyady, genannt Corvinus. Nach einer mörderischen Schlacht im Jahr 1459 räumte der Kaiser das Feld. Ein Kreuzweg mit 14 Stationen führt im Südwesten der Stadt auf eine Anhöhe zum *Kalvarienberg* mit einer kleinen Kapelle aus dem 18. Jh. (D 8)

Rechnitz

Idyllischer Urlaubsort am Fuße des ◆ *Gschriebensteins,* mit 884 Metern der höchste Berg des Burgenlandes. Oben verläuft die Grenze zwischen Ungarn und Österreich – mitten durch die Aussichtswarte. Die Rechnitzer *Pfarrkirche* besitzt einen besonders prächtigen Hochaltar, der von den Figuren der heiligen ungarischen Könige Stephan und Ladislaus flankiert wird. Im Osten der Gemeinde sind an der ungarischen Grenze Teile einer römischen Wasserleitung zu besichtigen. (E 9)

Stadtschlaining

Auf einem Berg über dem Ort Stadtschlaining (2200 Ew.) und dem idyllischen Tauchental erhebt sich die ★ ◆ Burg Schlaining. Sie wurde nach den Zerstörungen im Zweiten Weltkrieg weitgehend restauriert und zählt heute zu den besterhaltenen Burgen Österreichs. Ihre ersten Herren waren die mächtigen Grafen von Güssing. Kurze Zeit regierte auch der böhmische König Ottokar auf Schlaining. Nach seinem Fall kam die Festung 1289 an die Habsburger, die sie 1450 als freies Lehen dem Ritter Andreas Baumkircher gaben. Er ließ die mächtigen Wehranlagen und den quadratischen Bergfried bauen. Am Turm steht noch heute die Inschrift: »Ich, Andreas Baumkircher von Schlaining, Burggraf von Preßburg, habe dieses großartige Werk stärkster Mauern aufrichten lassen. Begonnen im Jahre des Herrn 1450.« Der Ritter gründete zwölf Jahre später auch die Stadt im Tal. Es nahm ein schlimmes Ende mit ihm. Er zettelte eine Verschwörung zugunsten des Ungarnkönigs Matthias Corvinus an und wurde, nachdem er seine eigene Stärke überschätzt hatte und gefangengesetzt worden war, im Jahr 1471 in Graz geköpft. Danach wechselten die Burgherren, bis die Anlage für 250 Jahre in den Besitz der Adelsfamilie Batthyány kam. Lohnenswerter Rundgang durch die Gemälde- und Musikinstrumentensammlung, die Bibliothek, die Prunkräume, die Burgkapelle und die barocken Engelssäle. *Ostern–Okt. Di–So 9 bis 12 und 13–17 Uhr, Eintritt: Erw. ÖS 30,–, Kinder ÖS 15,–.* (D 9)

OBERPULLENDORF

Das Zentrum des mittleren Burgenlandes, ein Gewerbe-, Handels- und Einkaufsstädtchen für die umliegenden Gemeinden. Archäologische Funde weisen auf eine frühe Besiedlung hin, die schon Jahrtausende vor Christus Spuren hinterließ, u. a. eindrucksvolle Zeugnisse der Eisenzeit. Später herrschten nacheinander Römer, Hunnen, Awaren, Slawen, Vandalen, Goten und Langobarden über das Gebiet. Im frühen Mittelalter wurde Oberpullendorf ungarisch. Die Magyaren errichteten hier Wehranlagen, um ihre Westgrenze zu sichern. Noch heute stellen Ungarn ein Drittel der Bevölkerung. Bis 1848 wurde der Ort vom ländlichen Kleinadel regiert.

Obwohl Oberpullendorf nicht so viele Sehenswürdigkeiten wie andere Burgenland-Städtchen bieten kann, machen es die Lage in einem sonnigen Talkessel und seine verkehrsgünstige Anbindung zu einem beliebten Urlauberstützpunkt für Sternfahrten in alle Richtungen. (D 6)

Freilichtanlage Pingenfeld

Über 200 trichterförmige Gruben, bis zu zwei Meter tief und 20 Meter im Durchmesser – die ersten Erzbergwerke der Eisenzeit. Hier schürften vor fast 3000 Jahren die Kelten. *Etwas außerhalb Richtung Frankenau (ausgeschildert)*

Schloß Rohonczy

Oberhalb des Hauptplatzes erhebt sich das kleine Schloß der Adelsfamilie Rohoncy. Es stammt aus dem 17. Jh. und wurde auf den Resten einer zerstörten, mittelalterlichen Burg errichtet. Heute ist die Anlage Sitz einer Landwirtschaftsschule und verschiedener Behörden.

MUSEUM

Ur- und frühgeschichtliche Eisenindustrie

★ Die Umgebung von Oberpullendorf ist ein Dorado für Archäologen. Man fand über 300 keltische »Eisenhütten«, tonnenweise Eisenschlacke, Beile und Äxte aus der Stein- und Bronzezeit sowie Reste einer römischen Villa. Beim Ausschachten der Baugrube für das neue Rathaus stießen die Arbeiter auf keltische Eisenschmelzöfen aus dem 1. Jh. v. Chr. Die Funde sind im Rathaus ausgestellt und machen es zu einem faszinierenden Museum. *Mo–Fr 8–12 und 13–16 Uhr, Eintritt frei, Hauptstr. 9*

RESTAURANTS UND HOTELS

Gasthof Zur Post

Beliebtes Lokal mit Fremdenzimmern (32 Betten), Etagenbad und guter burgenländischer Küche. *Hauptstr. 10, Tel. 22 28; Restaurant- und Hotelkategorie 3*

Sporthotel Kurz

Komfortables Haus mit Restaurant, Sauna, Massage und Solarium. 32 Zi. *Stadiongasse 16, Tel. 32 33, Restaurant- und Hotelkategorie 2*

FREIZEIT

Angeln

Im Fischwasser Gaberlingteich: Schwimmen Karpfen, Schleie, Hecht, Zander, Rotauge. Info: *Paul Graf, Tel. 0 26 12/29 21*

Wandern

Herrliche Wege in die nahen Wälder. Gut ausgeschildert.

AUSKUNFT

Fremdenverkehrsbüro

Gemeindeamt, Hauptstr. 9, A–7350 Oberpullendorf, Tel. 0 26 12/22 07

ZIELE IN DER UMGEBUNG

Deutschkreutz

Schöner Weinort mit einem *Schloß* der Grafen Nádasdy, das 1625 auf den Ruinen einer Burg aus dem 14. Jh. erbaut wurde. Sehr schöne Renaissance-Arkaden im Innenhof. In Deutschkreutz wurde 1830 der etwas in Vergessenheit geratene jüdische Geiger und Opernkomponist Carl Goldmark (»Die Königin von Saba«) geboren. An ihn erinnert das *Gedenkhaus* in der Hauptstr. 54; *April–Sept. tgl. 8–16 Uhr, Eintritt frei.* Das Berühmteste an Deutschkreutz bleibt jedoch der Rotwein, den manche Kenner mit dem aus Bordeaux vergleichen. Zwei Adressen: *Weingut Gesellmann,* eines der führenden

Rotweingüter Österreichs *(Langegasse 65, Tel. 0 26 13/85 44); Weingut Hans Igler,* seine Weine machen den edlen Franzosen richtig Konkurrenz *(Langegasse 49, Tel. 0 26 13/3 65).* (D 5)

Horitschon

Nachbarort von Deutschkreutz, ebenfalls ein Mekka für Rotweinfreunde. Sie wenden sich z .B. an das *Weingut Haus Iby,* das seine herrlichen Blaufränkischen im Eichenfaß oder Barrique reifen läßt *(Kirchengasse 4, Tel. 0 21 10/ 22 92),* oder ans *Weingut Weniger,* das ein sehr schönes Cuvée (Verschnitt) von Blaufränkisch, Cabernet Sauvignon und Merlot im Keller hat *(Florianigasse 11, Tel. 0 21 10/21 65).* (D 5)

Klostermarienberg

Das älteste Kloster des Burgenlandes. Es wurde bereits im 12. Jh. gegründet, während der Reformation im 16. Jh. geschlossen und ab 1680 in bescheidenem Umfang neugegründet. Die Barockkirche hat sehr schöne Rokokoaltäre. (F 8)

Kobersdorf

Schön gelegener Ort (2000 Ew.) im Tal des Schwarzbachs. Er wird im Westen vom 760 m hohen ☝ *Pauliberg* überragt, ein erloschener Vulkan (schöner Wanderweg). Kobersdorf verdankt seinen Ruf als Kur- und Erholungsort auch den beiden *Mineralquellen* (Orts- und Waldquelle), deren Wasser gut gegen Magen-, Darm-, Blasen und Nierenerkrankungen sein soll. Der Sprudel enthält viel natürliche Kohlensäure und ist im ganzen Burgenland beliebt. Mitten im Ort steht eine alte *Wasserburg* aus

dem 13. Jh., die im 17. Jh. zu einem stattlichen Renaissanceschloß umgebaut wurde. Sehenswerte Fresken im Festsaal. Das Brunnenbecken im Arkadenhof zeigt das Wappen des ehemaligen Schloßbesitzers Kery, dessen Familie allerdings nicht lange Freude an der herrlichen Anlage hatte. 1704 ging sie in den Besitz der Esterházys über. Der schöne Schloßhof ist auch jeden Sommer Schauplatz eines grandiosen Kulturspektakels (Juli/August): Die Kobersdorfer Schloßspiele ziehen in jeder Saison Tausende von Zuschauern aus ganz Österreich und Deutschland an. (C 5)

Lackenbach

★ Das Renaissanceschloß von Lackenbach, einem ruhigen Erholungsort mit Schwimmbad und Liegewiesen, gehörte den Esterházys. Sein Arkadengang im Innenhof ist der schönste des Burgenlandes. Schloß Lackenbach wurde 1620 von kaiserlichen Truppen und einem Bauernheer aus der Umgebung gegen die Kuruzzen (aufständische Ungarn) verteidigt, die in die Flucht geschlagen wurden. Dabei kam der Kuruzzen-Anführer Tarrody ums Leben. Östlich des Dorfes liegt seine Grabstätte. Er soll mit Pferd und Hund beigesetzt worden sein. (D 6)

Landsee

★ ☝ Die größte Burgruine Mitteleuropas steht auf einem 630 m hohen Berg über dem Stooberbachtal. Der älteste Teil ist der wuchtige Bergfried mit fast 10 m dicken Mauern. Seine Bauweise erinnert an einen Schiffsbug. Beim Betreten des Innenhofs mit Kapelle, Wohngebäuden (Palas) und Küche fühlt man sich ins Mittelalter zurückversetzt. Die Burg ist teilweise von einer vierfachen Wehranlage umgeben, deren mächtige Mauern im 16. und 17. Jh. errichtet wurden. Sehr viel älter sind die Reste der gegen Ungarn gerichteten, alten steirischen Grenzfestung, die bereits im 12. Jh. auf diesem Berg stand. Österreichs Babenberger Herzöge schlugen sich sehr oft mit den Magyaren um diese Burg. Schließlich gelangte sie 1400 in den Besitz der Grafen von Mattersdorf-Forchtenstein, die sie zeitweilig an andere Adelsherren verpfändeten. Im 16. Jh. war Landsee ein gefürchtetes Raubritternest. 1612 wurden die Esterházys die neuen Herren, diesmal durch Heirat. Sie bauten die Burg zur uneinnehmbaren Festung gegen die Türken aus. 1772 brannte die riesige Anlage ab und wurde nicht mehr instandgesetzt, sondern verfiel immer mehr und wurde als Steinbruch genutzt. (E 7)

Lockenhaus

★ Die Burg Lockenhaus, in herrlicher Lage über dem Tal der Güns, stand bereits um 1200 und gehört damit zu den ältesten des Burgenlandes. Aus ihrer Frühzeit stammen der wuchtige romanische Bergfried und der Kapellenturm mit frühgotischen Fenstern. Die alte Burgküche ist noch zugänglich. Der unterirdische Apsidenraum war wahrscheinlich ein Kultversteck der überall verfolgten Tempelritter. Darauf deuten eingemeißelte Kreuzembleme hin. Vermutlich hat auch der Rittersaal den Ordensrittern als Kapitelsaal gedient. Der Brunnen im Burghof reicht bis auf die Talsohle. Im Volksmund heißt es, daß der Schacht zu einem unterirdischen Gang nach außen führe. Noch heute könne man manchmal in großer Tiefe eine eiserne Tür mit einem Schlüssel erkennen. Die Burgkapelle ist dem heiligen Nikolaus geweiht. Sie enthält die ältesten Fresken des Burgenlandes (13. Jh.). Die Burg gehörte zunächst den Grafen von Güssing und wechselte dann häufig den Besitzer. 1636 bauten die Grafen Nádasdy den unteren Teil an – das Neue Schloß. 1676 ging die Festung in den Besitz der Familie Esterházy über.

Lockenhaus ist ein Anziehungspunkt für Kulturbeflissene (z. B. beim Musikfestival von Gidon Kremer), aber auch für Parapsychologen, Geisterbeschwörer und Hellseher. Das mag am Mythos der geheimnisvollen Templer liegen, aber auch an entsetzlichen Bluttaten, die hier auf der Burg geschahen: Erzébeth Nádasdy übernahm 1604 nach dem Tod ihres Gemahls Graf Franz I. die Alleinherrschaft und wütete schrecklich. Mehr als 100 junge Mädchen fielen dem Mordrausch der Gräfin zum Opfer. Um die Burg wehte der Geruch der Verwesung. Ihr Enkel Franz II., Erbauer des Neuen Schlosses, fand ebenfalls ein schlimmes Ende. Der »Krösus von Ungarn« war an einer Verschwörung gegen Kaiser Leopold beteiligt und wurde 1671 enthauptet. Sein Leichnam liegt in einem prunkvollen Sarkophag in der Familiengruft der sehenswerten Augustinerkirche unten im Ort Lockenhaus.

Die Gespenster sind heute aktiver denn je. Beim »Raubrittermahl« im gotischen Saal pflegt regelmäßig um Mitternacht ein Geist über die Köpfe der Zechenden zu schweben. Er wird von einem Kellner auf einem Draht vorbeigezogen. *Tgl. 8–17 Uhr, Eintritt: Erw. ÖS 30,–, Kinder ÖS 15,–; Tel. 0 26 16/23 94 (E 8)*

Lutzmannsburg

Laut urkundlicher Erwähnung von 1156 der älteste Ort (1100 Ew.) des Burgenlandes. Der Ortskern erinnert stark an vergangene Jahrhunderte: spätbarocke Giebelhäuser, Arkadenhöfe, kleine Gassen sowie auf einer Anhöhe eine mittelalterliche Burgruine und eine Pfarrkirche mit Chor und Kreuzrippengewölbe aus dem 14. Jh. (D 6)

Neckenmarkt

Jeden Sonntag nach Fronleichnam wehen bunte Fahnen durch die Stadt, geschwungen von jungen Männern in historischen Gewändern. Damit erinnern die Neckenmarkter an die siegreiche Schlacht von 1620, als ihr Bauernheer, verbündet mit Kaiserlichen, die aufständischen Ungarn schlug. Ihr Befehlshaber Esterházy schenkte den Bauern daraufhin aus Dankbarkeit seine Fahne. Seit der Zeit schwingen die Neckenmarkter alljährlich das Banner. (D 5)

Raiding

In diesem Dorf wurde 1811 Franz Liszt geboren. ★ Das Franz-Liszt-Museum ist das stattlichste Gebäude und Hauptattraktion im Ort. Die Ausstellung dokumentiert Werk und Leben des Burgenländer Musikgenies. *Ostern–Okt. tgl. 9–12 und 13 bis 17 Uhr. Tel. 0 26 19/74 72. (D 6)*

Ritzing

Ruhiger Erholungsort mit einem Badestausee und waldreicher Umgebung. Das Hauptziel: ★ der Dorfgasthof *Horváth* und seine sorgfältig verfeinerte Bauernküche. Die Portionen sind üppig. Ein Menüvorschlag: marinierte Austernpilze mit Blattsalat und Kräuteröl angerichtet; eine Kren-(Meerrettich-)Suppe mit gerösteten Weißbrotwürfeln, Forelle mit Kräuterbutter und Petersilienkartoffeln, oder der Fleischgang für Halbverhungerte: Ritzinger Reindl (geschnetzelte Filetspitzen vom Schwein), Kalbsnieren und Champignonrahmsauce, dann das Dessert: Mousse von brauner Schokolade auf Moccaschaum. Die Weine kommen aus der Nachbarschaft, die Schnäpse auch. *Lange Zeile 92, Tel. 0 26 19/2 29, Kategorie 2.* Fremdenzimmer (10 Betten) gibt's im fünf Minuten entfernten *Gasthof Weber* (mit Sauna). *Helenenschacht 28, Tel. 2 00, Kategorie 3. (D 5)*

Stoob

Seit Jahrhunderten ist dieses Hafnerdorf (Hafner=Töpfer) für seine Keramikwaren berühmt. Hier werden noch heute die berühmten roten »Plutzer« angefertigt, die die Getränke so schön kühl halten. Deshalb stehen am Ortseingang auch zwei riesige Tonkrüge als Wahrzeichen. Unbedingt das *Töpfer-Museum* besuchen *(Hauptstr. 85, Auskunft bei Rainka Stoob, Tel. 0 26 12/21 97, geöffnet nach Vereinbarung, Eintritt frei.)*! Der Ort wird überragt von einem Glockenturm, dem Überrest einer Kirche aus dem 18. Jh. Machen Sie einen Spaziergang zur romanischen Bergkirche mit ihren schönen Fresken. (E 7)

Wo die Stille blüht

Kleine Städte, idyllische Dörfer und die wundervolle Ruhe intakter Natur

Auf den Spuren einer schicksalreichen Vergangenheit. Das stille Land ist voller Burgen, Denkmäler und Gedenkstätten. Idylle weckt Begehrlichkeit – und so wurde auch dieses von Natur und Klima so bevorzugte Land in den vergangenen Jahrhunderten immer wieder erbittert umkämpft und unterjocht. Heute herrscht Frieden, selbst der normale Überlebenskampf scheint weit, weit weg. Genießen Sie die Ruhe, die Behäbigkeit dieser Landschaft, auch ihre gute Küche – und die Nachdenklichkeit, die die Geschichte dieses Landes zu wecken vermag.

GÜSSING

Die schönste südburgenländische Stadt (4000 Ew.) ist ein aufstrebender Fremdenverkehrsort. Es gibt allerhand zu sehen, die Umgebung bietet schöne Wandermöglichkeiten, das Klima ist mild, die Gastronomie angenehm. (E 10)

BESICHTIGUNGEN

Burg Güssing
★ Die Hauptattraktion des Städtchens steht wie ein Adlerhorst auf dem Bergkegel eines erloschenen Vulkans, der früher »Quisin« hieß und dem Ort seinen Namen gab. Phantastische Aussicht. Der Vorgängerbau war eine Holzfestung, die der steiermärkische Graf Wolfger von Wildon 1157 zu einer Steinburg ausbaute. Die mächtigen Grafen von Güssing machten aus der Anlage eine waffenstrotzende ungarische Grenzfestung. Ihr politischer Einfluß war sehr groß, 1459 wurde Kaiser Friedrich III. auf Güssing zum König von Ungarn gekrönt. 1522 erhielten die Grafen Batthyány die Burg als Belohnung für ihren Sieg über die Türken. Sie ist noch heute im Besitz dieser Familie.

Die Grafen Batthyány machten Güssing zu einem Kulturzentrum. Hier lebte und arbeitete im 16. Jh. der berühmte Botaniker Carolus Clusius – er schrieb das erste Pilzbuch –, hier malte der Niederländer Pieter Breughel seine »Wiedertäuferpredigt«. Das Bild hängt heute in der Budapester Nationalgalerie. Der Jesuit Franz Falani begründete auf Güssing die nationale ungarische Literatur.

Burg Güssing ist noch sehr gut erhalten. Zu besichtigen sind der Bergfried, der zum Kirchturm umfunktioniert wurde, ferner der romanische Palas, Wehranla-

Burg Güssing

gen und die gotische Burgkapelle mit einer Truhenorgel von 1650. Im Rittersaal, der Kunstkammer des Burgmuseums, hängen neben wertvollen gold- und silberdurchwirkten Wandteppichen auch Meisterwerke der Malerei: drei Porträts von Lucas Cranach dem Älteren sowie die »Versuchung des Antonius« von Hieronymus Bosch. In der Rüstkammer werden seltene Waffen und türkische Beutestücke ausgestellt. Bisweilen sind wechselnde Kunstausstellungen zu sehen. *April–Okt. Di–So 9–11 und 13–17 Uhr. Eintrittspreis je nach Ausstellung.*

Franziskanerkirche »Mariä Heimsuchung«
Barockes Gotteshaus an der Hauptstraße. Sehr schöne Altäre, Ölgemälde und Schnitzarbeiten aus dem 17. Jh. sowie Marmorgrabsteine der Batthyánys aus dem 15. und 16. Jh. Hier hat das Fürstengeschlecht auch seine Familiengruft. Der Bildhauer Balthasar Moll schuf den reichverzierten Bleisarkophag für Karl Batthyány (1697–1772). Am Eingang zur Gruft stehen die allegorischen Figuren des Glaubens und des Todes (1830).

Franziskanerkloster
Das Kloster an der Hauptstraße wurde 1648 gegründet und diente nebenbei als Eckbastion der teilweise bis heute erhaltenen Stadtmauer. Es birgt eine umfangreiche und wertvolle Bibliothek und ist auch heute ein wichtiges religiöses Zentrum.

Kastell Batthyány
Herrensitz mit zweigeschossigen, teilweise verglasten Arkaden aus dem 18. Jh. *An der Hauptstr.*

St.-Jakobus-Kirche
Bereits um 1200 im romanischen Stil (Fenster!) am östlichen Rand des Burgberges erbaut, wurde das Gotteshaus im Laufe der Jahrhunderte mehrfach verändert und erhielt unter anderem einen barocken Turm. Die Kirche steht inmitten eines malerischen alten Friedhofs.

Schloß Draskovich
Das Barockschloß des Grafen Draskovich steht in einer weitläufigen Parkanlage am östlichen Stadtrand. Es wurde 1804 fertiggestellt und ist nicht zu besichtigen. Eine Ausnahme kann bei der Schloßkapelle (reiche Kunst-

schätze, z.B. ein Flügelaltar von 1469) gemacht werden. Die Erlaubnis erteilt die Schloßkanzlei.

RESTAURANT

Burg Güssing

Stilvoller kann man kaum speisen. Man sitzt an einem Tisch im Witwenturm, blickt auf Burg und Landschaft und genießt um so mehr den südburgenländischen Strudelteller mit Kürbiskernen und Kräuterrahm, das Kalbsleberschnitzel mit Wildreisdatschi (Reispfannkuchen) und Zucchinigemüse, die Nußvollkornpalatschinken (Pfannkuchen) mit lauwarmem Früchterisotto. Gute Weine aus der Region, auch glasweise. *Im Winter geschl.; in der Burg, Tel. 33 32; Kategorie 2*

HOTELS

Hotel-Restaurant Fabiankovits

Einfache Unterkunft, Etagenbad, 10 Zi. *Hauptstr. 49, Tel. 34 66, Kategorie 3*

Hotel-Restaurant Kovacs

20 gutbürgerliche Zimmer mit Etagenbad. *Grazer Str. 60, Tel. 24 60, Kategorie 3*

SPORT UND FREIZEIT

Es gibt ein Schwimmbad mit Kinderspielplatz, ferner Tennisplätze, einen Reitstall, sehr schöne Wanderwege und Angelmöglichkeit.

Wildpark Punitz

Herrliches Freigehege nördlich der Stadt mit Tarpanen (europäische Wildpferde), Steppenrindern, Auerochsen, Büffeln, Rotwild, Wildschweinen, Mufflons, Zwergeseln. *März–Nov. tgl. geöffnet. Eintritt Erw. ÖS 15,–, Kinder ÖS 5,–*

AM ABEND

Paletti-Bar

Für die Unverwüstlichen. *Grazer Str. 60, Tel. 2 84 52*

AUSKUNFT

Fremdenverkehrsverband Region Güssing

Hauptplatz 4, Tel. 0 33 22/25 15

ZIELE IN DER UMGEBUNG

Eberau

★ Sehr schönes mittelalterliches Dorf mit Stadtbefestigung, malerischen Häusern und einer alten Wasserburg aus dem 14. Jh., die zu einem Wohnschloß umgebaut wurde. (E 10)

Deutsch-Schützen

Ein herrliches Ausflugsziel. Der romantische Pinka-Durchbruch teilt den *Eisenberg* (415 m) in zwei Hälften. Hier schürften die Kelten nach Eisenerz, das sie an Ort und Stelle verhütteten. Großartige Fernsicht. Am Südhang wächst ein ausgezeichneter Rotwein. Deutsch-Schützen ist ein Hauptweinort. Zwei Adressen für den Weinkauf: *Weingut Krutzler* mit Heurigenschenke (nur an Wochenenden), *Hauptstr. 84, Tel. 0 33 65/22 42 und 22 55; Weingut Schützenhof*, hat auch leichte fruchtige Weißweine, *Berg 159, Tel. 22 03.* (E 10)

Heiligenbrunn

★ Für das Jahr 1198 wurde hier zum ersten Mal der Weinbau beurkundet. Wer das Kellerviertel der kleinen romantischen Grenzgemeinde nicht besucht hat, der kennt auch nicht das »Weinland Burgenland«. In einem herrlichen Landschaftsschutzgebiet stehen zahlreiche Holzblockbauten mit lehmbeworfenen, weißgekalkten Wänden und strohgedeckten Dächern, die meisten über 100 Jahre alt. Es sind traditionelle Weinkeller, die zum Weltkulturgut erklärt wurden. In Heiligenbrunn, das sagt schon der Name, sprudelt eine Quelle. Sie soll bei Augenleiden helfen. Auskunft: *Gemeindeamt, Tel. 0 33 24/2 81.* (E 11)

Heiligenkreuz

Liebevoll gepflegtes Dorf, das bei einem Wettbewerb schon mal zum schönsten des Burgenlandes erklärt wurde. Sehr schön auch die Wanderwege. (D 11)

Jennersdorf

Hübsches Ferienstädtchen mit Tennisplätzen, einem großzügig angelegten Schwimmbad, Reitgelegenheit und dem Hotelrestaurant *Raffel,* in dem richtige »k. u. k.«-Küche mit deutlich ungarischem Akzent serviert wird, z. B. Kalbspörkölt mit Zupfnockerln (ungarisches Gulasch). Pußta-Romantik, wunderbare Weinkarte. *Hauptplatz 6, Tel. 0 31 54/66 22, Kategorie 2.* (D 11)

Kuhmirn

Hier steht das Burgenländische Schnapsmuseum. Geboten wird alles, was die Leber liebt, inklusive Verkostung. *Mi, Sa, So und feiertags 15–17 Uhr. Eintritt: ÖS 50,–; Ortsteil Neusiedl.* (D 10)

Mogersdorf

Über einem riesigen Massengrab steht das »Weiße Kreuz«. Ge-

Einer der typischen Weinkellerbauten von Heiligenbrunn

denktafeln in vier Sprachen erinnern an die Gefallenen einer lange zurückliegenden Schlacht: Am 1. August 1664 griffen die Türken unter dem Großwesir Achmed Köprülü das unterlegene christliche Heer an. Sie durchstießen rasch die Verteidigungsstellungen, Mogersdorf stand in Flammen. Oberbefehlshaber Graf Raimund Montecuccoli sammelte seine versprengten Truppen und führte sie erneut in die Schlacht. Er besiegte die Türken, die allein 15 000 Tote zu beklagen hatten. Die meisten von ihnen ertranken bei der Flucht in der reißenden Raab, die gerade Hochwasser führte.

★ ☻ Versäumen Sie nicht den Besuch beim *Türkenwirt,* einem einfachen Landgasthof mit einer ebenso einfachen wie sensationellen burgenländischen Küche: Gänseleber auf ungarische Art gebraten mit Letscho, gebackenes Kitz mit Salat, Mohnpalatschinken. Dazu gibt's Bier vom Faß, offene Weine der Region, selbstgebrannte Obst- und Treberschnäpse. *Mo geschl. Tel. 0 33 25/82 45, Kategorie 2.* (D 11)

Neumarkt an der Raab

Südlichster Ort des Burgenlandes in der Nähe der ungarischen und slowenischen Grenze. Sehr schöne strohgedeckte Bauernhäuser. (D 11)

OBERWART

Mit 6000 Ew. die zweitgrößte Stadt des Burgenlandes und ein Verkehrsknotenpunkt. Die Gemeinde wurde im Mittelalter gegründet als Zentrum der »Wart«, einer Grenzschutzorganisation, zu der 18 ungarische Dörfer gehörten, in denen die »Warter« wohnten. Das waren Wächter und Bogenschützen, die je nach politischer Situation mal auf ungarischer, mal auf österreichischer Seite kämpften. Im Prinzip blieben sie jedoch Ungarn treu. 1532 bereiteten die furchtlosen »Warter« den anstürmenden Türken eine bittere Niederlage. Danach wurden 63 Grenzwächterfamilien für ihre Tapferkeit in den Adelsstand erhoben. Noch heute ist die Stadt am Flüßchen Pinka das Zentrum der ungarischen Sprachinsel in Österreich. (D 9)

BESICHTIGUNGEN

Oberwart hat noch einen richtig dörflichen Stadtteil, in dem typische Bauernhäuser mit ihren Laubengängen stehen. In den kriegerischen Wirren nach der Reformation hatte der Ort besonders zu leiden.

Evangelische Pfarrkirche
Das jüngste der drei Oberwarter Gotteshäuser wurde 1820 gebaut. *Evangelische Kirchengasse*

Kalvinistische Kirche
1774 errichtet, das älteste Haus dieser Konfessionsrichtung im Burgenland. Beeindruckender, schlichter Innenraum, schöner Pfarrhof mit Laubengang. *Kirchengasse*

Katholische Pfarrkirche
Der barocke Sakralbau stammt von 1548, im Innern hängt ein Altarbild von Dorffmeister. 1969 erhielt die Kirche einen Vorbau aus Beton, dem Aussehen nach eine Mischung von Parkhaus und Bunker mit Barocktürmchen im

Hintergrund – ein drastisches Lehrbeispiel für rücksichtslose Verirrungen moderner Architektur. *Steinamangerer Str.*

RESTAURANTS UND HOTELS

Gasthof Drobits

Einfache, gutbürgerliche Unterkunft, Restaurant, 25 Zi. *Grazer Str. 61, Tel. 24 76, Restaurant- und Hotelkategorie 3*

Gasthof Zambo

Burgenländische Küche mit ungarischem Akzent. Über 30 Komfortzimmer, Schwimmbad, Sauna, Solarium. *Grazer Str. 71, Tel. 23 76-0, Restaurant- und Hotelkategorie 2*

Hexenkessel

Restaurant mit Café, pannonische Karte. *Grazer Str. 96, Tel. 21 03, Kategorie 3*

Städtisches Internat

Jawohl, man kann hier wohnen, sogar mit Vollpension. Über 130 Zi. mit Etagenbad. *Schulgasse 31, Tel. 28 66, Kategorie 3*

AM ABEND

Kracher

☂ Disco-Dancing. *Linkes Pinka-Ufer 40, Tel. 86 58*

AUSKUNFT

Fremdenverkehrsbüro

Rathaus, Hauptplatz 9, Tel. 0 33 52/80 55-0 und 80 56

Landesverband Burgenland Tourismus

Regionalbüro Südburgenland, Informstr. Messegelände Halle 1, Tel. 0 33 52/3 44 66-0

ZIELE IN DER UMGEBUNG

Kohfidisch

Idyllischer, sehr ruhiger Weinort am rebenbewachsenen Csatherberg. Sehenswert ist das *Schloß* aus dem 17. bis 18. Jh., in das Teile einer mittelalterlichen Vorgängerburg einbezogen wurden. In unmittelbarer Nähe liegen *römische Hügelgräber.* Kohfidisch ist ein idealer Ort für Wanderfreunde. (E 10)

Neumarkt im Tauchental

Interessante katholische *Pfarrkirche* im spätgotischen Stil mit Barockelementen. Beim Bau des Kirchturms wurden römische Grabsteine benutzt. (D–E 9)

Rotenturm

Die Gemeinde an der Pinka bietet eine nicht unbedingt schöne, aber dennoch sehenswerte Kuriosität: das *Schloß* von 1868. Es wurde aus roten Ziegeln in einer bizarren, typisch historistischen Stilmischung gebaut, ein bißchen Gotik, ein bißchen Romanik und ein kräftiger Schuß arabisch-maurischer Elemente. (D 9)

Stegersbach

Auf der einen Seite ein sehr schönes *Renaissanceschloß* aus dem 17. Jh., auf den Resten einer älteren Burg errichtet; auf der anderen Seite die neue *Pfarrkirche,* eine moderne Orgie in Beton – Kontraste, die man mal gesehen haben sollte.

Das *südburgenländische Landesmuseum* versöhnt uns wieder. Es dokumentiert den historischen und volkskundlichen Aufbau der Region. *April–Okt. Di–So 9 bis 13 und 13–16 Uhr, Eintritt: Erw. ÖS 10,–, Kinder ÖS 5,–.* (D 10)

Von Auskunft bis Zoll

Adressen, Informationen, Tips:
was Sie für Ihren Burgenland-Besuch wissen sollten

AUSKUNFT VOR DER REISE

Deutschland
Österreich-Information
82024 Taufkirchen, Rotwandweg 4,
Tel. 0 89/66 67 01 00

Schweiz
Österreich-Information
CH-8036 Zürich, Zweierstr. 146,
Wiedikerhof, Tel. 01/4 51 15 51

AUSKUNFT IM BURGENLAND

Landesverband Burgenland
Tourismus, *Schloß Esterházy,*
A-7000 Eisenstadt, Tel. 0043-2682-
6 33 84-20, Fax 0043-2682-
33 83 20

ARZT/APOTHEKE

Die meisten österreichischen
Kassenärzte akzeptieren den
internationalen Krankenschein,
den Sie vor Reiseantritt bei Ihrer
Krankenkasse anfordern können.
Andernfalls müssen ärztliche
Leistungen natürlich direkt be-
zahlt werden.

Apotheken sind Mo–Fr 8–12
und 14–18 Uhr sowie Sa 8 bis
12 Uhr geöffnet; Notdienst für
die übrigen Zeiten.

AUTO

Es genügt der nationale Füh-
rerschein. Der Kfz-Schein muß
mitgeführt werden. Am Heck
müssen die Nationalitätskenn-
zeichen (D, CH) angebracht,
und der Wagen muß mit Er-
ster-Hilfe-Kasten und Warn-
dreieck ausgerüstet sein. Es be-
stehen Gurtpflicht und die 0,8-
Promille-Grenze, für Motorrad-
und Mopedfahrer Helmpflicht.
Höchstgeschwindigkeiten in
Ortschaften 50 km/h, auf der
Landstraße 100 km/h, auf der
Autobahn 130 km/h.

Pannendienst des ÖAMTC
(Österreichischer Automobil-
und Touring-Club) *Tel. 01/*
92 22 45, ÖAMTC-Pannendienst
Eisenstadt *Tel. 0 26 82/20 35,* Rei-
senotruf *Tel. 01/78 25 28.*

Mietwagen in Eisenstadt (Autoverleih Buchbinder) und über
30 weiteren Ortschaften (siehe
Branchenverzeichnis Burgenland
unter »Autoverleih«).

BANKEN

Öffnungszeiten: *Mo–Fr 8–12.30*
und 13.30–15.30, Do bis 17 Uhr.
Euroschecks werden überall ak-

zeptiert. Das Netz der Geldautomaten (auch für EC-Karten) wird immer dichter. Die meisten Hotels wechseln auch ausländische Devisen. Wie auch bessere Restaurants akzeptieren sie die gängigen Kreditkarten (Visa, Eurocard, Diners, American Express).

BEHINDERTE

Kostenlose Broschüre »Behindertengerechte Hotels, Pensionen und Ferienwohnungen« beim Landesfremdenverkehrsverband für das Burgenland, siehe oben »Auskunft«.

BOTSCHAFTEN/KONSULATE

Botschaft der Bundesrepublik Deutschland, *1037 Wien, Metternichgasse 3, Tel. 02 22/7 11 54*
Deutsches Honorarkonsulat, *A-7000 Eisenstadt, Hauptstr. 52A, Tel. 0 26 82/55 15 und 44 53*
Botschaft der Schweiz, *1030 Wien, Prinz-Eugen-Str. 7, Tel. 02 22/78 45 21*
Österreichische Botschaft in Deutschland, *D-53113 Bonn, Johanniterstr. 2*
Österreichische Botschaft in der Schweiz, *CH-3005 Bern, Kirchenfelderstr. 28*

CAMPING

Das Burgenland ist ideal für einen Camping-Urlaub. An den schönsten Stellen sind gut ausgestattete Campingplätze eingerichtet. Auskunft beim Landesfremdenverkehrsverband für das Burgenland in Eisenstadt sowie bei: Deutscher Camping-Club (DCC), *Mandlstr. 28, D-80802 München, Tel. 0 89/33 40 21;*

ADAC, *Am Westpark 8, D-81373 München, Tel. 0 89/7 67 60;* Camping und Caravan-Club Austria, *Maria-Hilfer-Str. 180, Wien, Tel. 02 22/89 12 10*

EINREISE

Seit 1995 gehört Österreich zur EU. In der Übergangszeit können noch Einreisekontrollen stattfinden. EU-Bürger sollten daher einen Personalausweis oder Paß mitnehmen. Schweizer benötigen in jedem Fall einen Ausweis.

FISCHEN

Die Seen und fließenden Gewässer des Burgenlandes sind Angelparadiese. Fischarten: Forelle, Äsche, Hecht, Karpfen, Schleie, Zander, Aal, Barbe, Weißfisch, Barsch, Aitel und Wels. Informationen über Angelerlaubnis bei den örtlichen Gemeindeverwaltungen.

FLIEGEN

Rundflüge von den Flugplätzen Eisenstadt-Trausdorf, Pinkafeld und Punitz-Güssing

GOLF

18-Loch-Plätze in Donnerskirchen (Neusiedler See) und in Fürstenfeld/Loipersdorf im südlichen Burgenland.

JUGENDHERBERGEN

Bernstein: *Hauptstr. 86, Tel. 0 33 54/64 04*
Neusiedl am See: *Herbergsgasse 1, Tel. 0 21 67/22 52*
Steinbrunn: *Jugendgästehaus, Industriegelände 6, Tel. 0 26 24/27 91*

Peperoni- und Kirschpaprikaschoten hängen zum Dörren aus

KLIMA UND REISEZEIT

Das Burgenland hat die meisten Sonnentage Mitteleuropas. Durch die Verdunstung aus dem Neusiedler See ist die Luftfeuchtigkeit relativ hoch. Herbst und Winter sind gewöhnlich sehr mild, Schnee bleibt nie lange liegen. Die Hauptreisezeit dauert von Juli bis September. Im August erwärmt sich das Wasser des Neusiedler Sees bis auf 30 Grad. Aber auch der Oktober (Weinlese) und der Frühling (Baumblüte im April) sind sehr empfehlenswert.

KURORTE

Bad Tatzmannsdorf (Herz und Kreislauf, Rheuma, Frauenleiden), Kurkommission *Tel. 0 33 53/2 84;* Bad Sauerbrunn (Trinkkuren), Kurkommission *Tel. 0 26 25/2 03*

NOTRUF

Polizeinotruf *Tel. 1 33*
Ärztenotdienst *Tel. 1 41*
Rettungswagen *Tel. 1 44*
Krankenhaus Eisenstadt
Tel. 0 26 82/6 01

ÖFFENTLICHE VERKEHRSMITTEL

Die Nahverkehrsverbindungen mit dem Zug sind im Burgenland nicht optimal, abgesehen von der Strecke Eisenstadt-Wien (Südbahnhof) und Eisenstadt-Neusiedl. Dagegen sind alle Orte mit dem Autobus erreichbar. Informationen bei der Abfahrtsstelle, Eisenstadt, Domplatz.

ÖFFNUNGSZEITEN

Bei Geschäften meist 8–18 Uhr mit einer ein- bis zweistündigen Mittagspause. In der Hauptsaison zum Teil Sonntagsöffnung, dafür

In Rust liefern die Störche die Babys am Postamt ab

dann Donnerstag nachmittags geschl. Friseure Mo geschl.

POST/TELEFON

Öffnungszeiten der Postämter *Mo–Do 8–12 und 14–18 Uhr, Fr 8–12 Uhr, Sa und So geschl.* Sa keine Postzustellung.

Porto: Postkarte ins Ausland 6 ÖS, Brief 7 ÖS. Briefmarken gibts auch in allen Tabak-Trafiken (Tabakgeschäfte).

Telefonieren nach Deutschland: 06 + Ortsvorwahl (ohne die Null) + Anschluß. In die Schweiz: 05 + Ortsvorwahl (ohne die Null) + Anschluß. Für Wien gilt nicht die österreichische Ortsvorwahl 02 22, sondern die 1 (auch aus der Schweiz nach Wien).

Ein dreiminütiges Telefongespräch von Österreich nach Deutschland oder in die Schweiz kostet etwa 30 ÖS. Innerhalb von Österreich gelten von 18 bis 8 Uhr sowie an den Wochenenden verbilligte Telefontarife.

RADFAHREN

Beliebt vor allem um den Neusiedler See. In vielen Gemeinden Fahrradverleih. Informationen beim Landesfremdenverkehrsverband für das Burgenland oder der jeweiligen Gemeindeverwaltung. An den Bahnhöfen Eisenstadt, Jennersdorf, Neusiedl am See und Bad Sauerbrunn vermietet die Österreichische Bundesbahn Räder gegen Vorlage eines Ausweises. Gegen Vorlage einer gültigen Bahnfahrkarte gibt es 50 % Rabatt.

REITEN/KUTSCHFAHRTEN

Der Seewinkel im nördlichen Burgenland gilt als Reiterparadies. Reitställe in Andau, Apetlon, Frauenkirchen, Illmitz, Neusiedl am See, Podersdorf und St. Andrä.

Im Zigeunerwagen durch die Pußta: Auskunft bei *Reisebüro Blaguss, Neusiedl am See, Untere Hauptstr. 12, Tel. 0 21 67/81 41*

SEGELSCHULEN

Segelschule Neusiedler See in Mörbisch, Segelschule Rust in Rust am See, Segelschule Purbach am See, Yachtschule Neusiedler See in Neusiedl.

TIERE

Hunde und Katzen brauchen ein tierärztliches Gesundheitszeugnis sowie eine gültige Tollwutimpfung.

TRINKGELD

Im Restaurant gibt man bei zufriedenstellendem Service 5 bis 10 Prozent des Rechnungsbetrages. Taxifahrer erhalten bis zu 5 Prozent, an der Tankstelle wird der Betrag aufgerundet (um max. 7 ÖS)

ZOLL

Seit Österreich EU-Mitglied ist, können Genußmittel für den Privatgebrauch unkontrolliert ein- und ausgeführt werden; die Freigrenzen für EU-Bürger über 17 Jahre betragen 800 Zigarren, 90 l Wein oder 10 l Spirituosen. Im Verkehr mit der Schweiz sind nur 2 l Wein oder 1 l Spirituosen sowie 200 Zigaretten oder 50 Zigarren zollfrei.

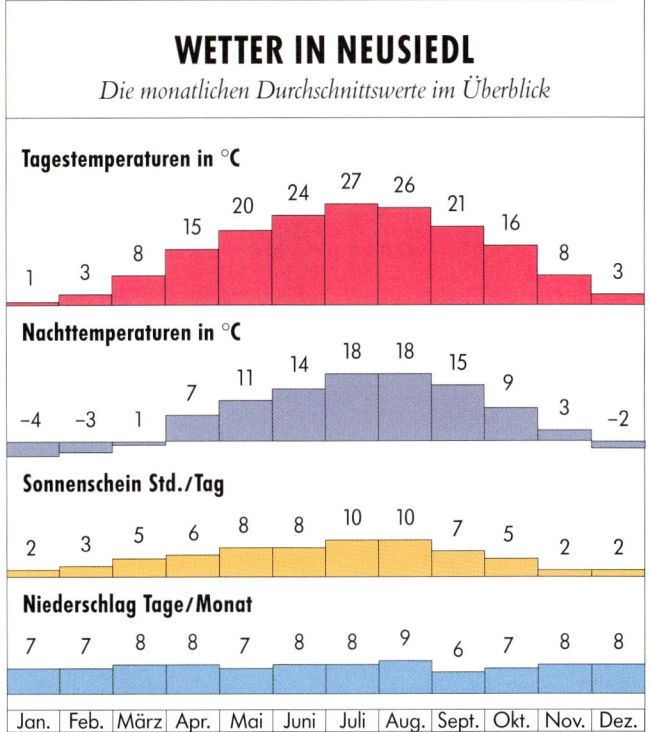

WETTER IN NEUSIEDL
Die monatlichen Durchschnittswerte im Überblick

Tagestemperaturen in °C

Jan.	Feb.	März	Apr.	Mai	Juni	Juli	Aug.	Sept.	Okt.	Nov.	Dez.
1	3	8	15	20	24	27	26	21	16	8	3

Nachttemperaturen in °C

Jan.	Feb.	März	Apr.	Mai	Juni	Juli	Aug.	Sept.	Okt.	Nov.	Dez.
−4	−3	1	7	11	14	18	18	15	9	3	−2

Sonnenschein Std./Tag

Jan.	Feb.	März	Apr.	Mai	Juni	Juli	Aug.	Sept.	Okt.	Nov.	Dez.
2	3	5	6	8	8	10	10	7	5	2	2

Niederschlag Tage/Monat

Jan.	Feb.	März	Apr.	Mai	Juni	Juli	Aug.	Sept.	Okt.	Nov.	Dez.
7	7	8	8	7	8	8	9	6	8	8	8

Bloß nicht!

Auch die gemütlichen Burgenländer können empfindlich reagieren, doch ein paar Unachtsamkeiten lassen sich leicht vermeiden

Erst Haydn, dann Mozart!

Burgenländer sind stolze Leute. Besonders stolz sind sie auf ihre Genies. Und sie dulden es überhaupt nicht, wenn man sie herabwürdigt – etwa so: »Der Mozart war viel besser als der Haydn. Der Schumann viel sensibler als der Liszt!« Solche Sprüche verletzen den Burgenländer tief in seiner Seele. Die Reihenfolge muß umgekehrt sein.

Rauchen verboten!

An zwei Orten: Im Sommer im trockenen Schilfgürtel des Neusiedler Sees – und bei der Weinprobe.

Schunkeln und Heidewitzka

Die Stimmung beim Heurigen ist prächtig. Die »Zigeuner« fiedeln aus vollem Herzen, der Wein fließt – und schon greifen sich die Deutschen unter die Arme und schunkeln sangesselig. Falsch, ganz falsch! Die Burgenländer lieben die ruhige Gemütlichkeit, weniger den Lärm.

Wiener Witze

Nochmal beim Heurigen. Ausgelassene Stimmung. Da erzählt ein Gast den jüngsten Wiener Witz: »Warum dürfen die Burgenländer nicht mehr auf den Donau-Turm (Wiener TV-Turm)? – Weil sie dort oben immer die Hubschrauber füttern wollen!« Die Mienen der Einheimischen verfinstern sich. Merke: Der Wiener veräppelt den Burgenländer wie der Berliner den Ostfriesen. Deshalb mag der Burgenländer den Wiener nicht besonders. Und alle, die wie Wiener daherreden.

Bitte kein Glykol

Der Weinpanscher-Skandal ist ein wunder Punkt in der Burgenländer Geschichte. Man sollte ihn nicht unnötig erwähnen, das reißt nur alte Wunden auf. Mit Rücksicht auf die Gastgeber das Wort Glykol einfach totschweigen.

Ohne Promille

Burgenland ist Weinland. Da trinkt man in geselliger Runde oder bei der Weinprobe schon mal einen Schoppen mehr. Ist auch in Ordnung – solange das Auto stehen bleibt. Denn selbst in den Weindörfern kontrolliert die Polizei. Ertappte Alkoholsünder müssen mit empfindlichen Geldstrafen und einem Fahrverbot rechnen, das auch im Heimatland gilt. Und wer bringt das Auto dann nach Hause?

Verzeichnet sind alle im Führer erwähnten Orte sowie die meisten Sehenswürdigkeiten und Museen (E. = Eisenstadt)

Was bekomme ich für mein Geld?

 Das Urlaubsland Öster-
reich ist im Durchschnitt
ein wenig teurer als
Deutschland. Das muß aber nicht
unbedingt für das Burgenland gelten. Da sich die Hauptströme des
Tourismus auf den nördlichen Teil mit
dem Neusiedler See konzentrieren,
liegen dort die Preise erfahrungs-
gemäß etwas höher als im mittleren
und südlichen Burgenland. Freilich:
es ist eine Urlaubsregion für Familien. Das bedeutet generell ein mo-
derates Preisniveau.

Hier einige Beispiele: Ein Menü
gibt's ab 150 ÖS, eine Tasse Kaffee
kommt auf 20 bis 30 ÖS, ein offener
Wein auf 100 ÖS pro Liter, ein »Krü-
gerl« Bier (0,5 l) liegt bei 25 bis
27 ÖS, amerikanische Zigaretten bei
45 ÖS. Für ein Glas Cola oder Limo-
nade zahlen Sie etwa 18 ÖS, für
eine kleine Flasche Mineralwasser
ebenfalls, und für ein Eis mit drei Ku-
geln gehen rund 25 ÖS über den
Tresen. Die Zugfahrt von Eisenstadt
nach Wien kostet 55 ÖS, das City-
Taxi in Eisenstadt 20 ÖS, wohin man
auch will. Woanders liegen fünf
Taxi-Kilometer bei 120 ÖS. In Museen, Schlössern und Konzerten zah-

len Schüler und Studenten gegen
Vorlage ihres Ausweises zumeist die
Kinderpreise. Für Erwachsene wer-
den selten mehr als 30 ÖS fällig. Das
Benzin ist ungefähr so teuer wie in
Deutschland. Ein Leihwagen kommt
auf 3500 ÖS pro Woche.

DM	ÖS	ÖS	DM
1	7	1	0,14
2	14	5	0,72
3	21	10	1,44
4	28	25	3,60
5	35	50	7,20
10	70	75	10,80
20	140	100	14,40
30	210	200	28,80
40	280	250	36,--
50	350	300	43,20
60	420	400	57,60
70	490	500	72,--
80	560	600	86,40
90	630	700	100,80
100	700	800	115,20
200	1.400	900	129,60
300	2.100	1.000	144,--
500	3.500	2.500	360,--
750	5.250	5.000	720,--
1.000	7.000	7.500	1.080,--

Von Mörbisch aus verkehrt eine Fähre über den See.
Auch Radfahrer werden mitgenommen